# SÓCRATES

## Uma breve introdução

CHRISTOPHER TAYLOR

# SÓCRATES

## Uma breve introdução

*Tradução de* Marcio Hack

L&PM/ENCYCLOPÆDIA

Texto de acordo com a nova ortografia.
Título original: *Socrates: A Very Short Introduction*

Também disponível na Coleção **L**&**PM** POCKET: (2010)

*Tradução*: Marcio Hack
*Capa*: Ivan Pinheiro Machado. *Ilustração*: iStock
*Preparação*: Patrícia Rocha
*Revisão*: Gustavo de Azambuja Feix

CIP-Brasil. Catalogação na Fonte
Sindicato Nacional dos Editores de Livros, RJ

---

T24s

Taylor, C. C. W. (Christopher Charles Whiston), 1936-
Sócrates / C. C. W. Taylor; tradução de Marcio de Paula Stockler Hack. – Porto Alegre, RS: L&PM, 2023.
160p. : il. – 20 cm

Tradução de: *Socrates: A Very Short Introduction*
Inclui bibliografia e índice
ISBN 978-65-5666-386-9

1. Sócrates. 2. Filosofia antiga. I. Título. II. Série.

10-4466. CDD: 184
CDU: 1(38)

---


Rua Comendador Coruja, 314, loja 9 – Floresta – 90.220-180
Porto Alegre – RS – Brasil / Fone: 51.3225.5777

Pedidos & Depto. comercial: vendas@lpm.com.br
Fale conosco: info@lpm.com.br
www.lpm.com.br

Impresso no Brasil
Inverno de 2023

# Sumário

# Agradecimentos

Qualquer pessoa que escreva sobre Sócrates deve reconhecer sua dívida para com a imensa quantidade de obras acadêmicas sobre esse filósofo, a maioria delas escrita na segunda metade do século XX, e muitas da mais alta qualidade. Todos fazemos parte de uma tradição ininterrupta. Na seção de "Leituras complementares", ao final do livro, encontram-se detalhes sobre algumas das mais importantes obras modernas sobre Sócrates.

Além dessa dívida genérica, certas partes deste livro baseiam-se em grande medida em escritos específicos de outros autores. A segunda seção do capítulo 3, "Autores que não Platão", fia-se especificamente em "The Origins of the Socratic Dialogue", de D. Clay, do livro *The Socratic Movement*, organizado por P. A. Vander Waerdt (Ithaca, Nova York e Londres, 1994) e no primeiro capítulo de *Plato and the Socratic Dialogue* (Cambridge, 1996), de C. H. Kahn. O capítulo 5, "Sócrates e a filosofia subsequente", baseia-se em uma série de autores: na seção sobre "Filosofia antiga", minha dívida é sobretudo para com A. A. Long, "Socrates in Hellenistic Philosophy", *Classical Quarterly*, 38 (1988), 150-71, e devo também às contribuições para o *The Socratic Movement* (editado por Vander Waerdt) feitas por G. Striker, J. G. DeFillipo e P. T. Mitsis, J. Annas, e V. T. McKirahan. (Detalhes desses artigos podem ser encontrados em tal volume.) A seção "Filosofia medieval e moderna" baseia-se em parte em

P. J. Fitzpatrick, "The Legacy of Socrates", do livro *Socratic Questions* (Londres e Nova York, 1992), edição de B. S. Gower e M. C. Stokes.

# Capítulo 1

# Introdução

Sócrates ocupa um lugar ímpar na história da filosofia. Por um lado, é um dos mais influentes de todos os filósofos e, por outro, um dos mais enigmáticos e menos conhecidos. Além disso, sua influência histórica não é independente desse caráter enigmático. Em primeiro lugar, temos a influência da personalidade real de Sócrates sobre seus contemporâneos, e em particular sobre Platão. Não é exagero dizer que, não fosse pelo impacto que a vida, e sobretudo a morte, de Sócrates lhe causaram, Platão provavelmente teria se tornado um estadista, e não um filósofo, e, portanto, todo o desenvolvimento da filosofia ocidental teria sido inconcebivelmente diferente. Depois, temos a duradoura influência da figura de Sócrates como protótipo da vida filosófica, de uma integridade moral e intelectual absoluta, que permeava todos os detalhes da vida cotidiana e foi levada ao extremo heroico da tranquilidade diante da rejeição e da morte indigna. Mas a figura de Sócrates, o protomártir e santo padroeiro da filosofia, renovada a cada época para falar à sua condição filosófica específica, é criação, não do próprio Sócrates, mas daqueles que escreveram sobre ele, sobretudo Platão. É a caracterização que Platão faz do filósofo ideal que nos fascina e inspira, desde sua época até os dias de hoje, e se tentamos investigar essa caracterização em busca do Sócrates histórico, vemos que ele é tão enigmático quanto o Jesus histórico dos estudiosos do Novo Testamento do século XIX.

Além disso, esse caráter enigmático tem dois motivos principais (uma situação que reforça o paralelo com as escrituras). Primeiro, Sócrates nada escreveu, e, segundo (e por conseguinte), após sua morte, logo tornou-se tema de um gênero literário, o dos "diálogos socráticos" (*Sōkratikoi*

**Figura 1. Busto de Sócrates – cópia romana de um original feito pouco tempo depois da morte de Sócrates.**

*logoi),* no qual vários de seus discípulos criaram representações imaginativas das conversas de que Sócrates teria participado, representações que se concentravam em diferentes aspectos de sua personalidade e estilo de conversação, conforme os interesses específicos de cada autor. Os diálogos de Platão e os escritos socráticos de Xenofonte são os únicos exemplos desse gênero a sobreviver na sua forma integral, ao passo que fragmentos de outros escritos socráticos, particularmente os de Ésquines, sobreviveram através de citações feitas por autores posteriores. Essa literatura será discutida com mais detalhes a seguir. Neste momento, deve-se enfatizar que, embora Platão, Xenofonte e os outros apresentem suas próprias visões de Sócrates de acordo com seus propósitos específicos, cada um deles apresenta *uma visão* de Sócrates. Em outras palavras, seria uma grave distorção pensar que qualquer um desses escritores tenha criado uma figura autônoma – por exemplo, do filósofo ideal ou do cidadão modelo, figura à qual o autor atribui o nome de Sócrates. Sócrates é de fato retratado por Platão como o filósofo ideal e, segundo penso, esse retrato é composto, em vários estágios, da atribuição a Sócrates de doutrinas filosóficas que Platão sabia jamais terem sido defendidas por ele, justamente pelo motivo de que o próprio Platão inventara aquelas doutrinas após a morte de Sócrates. Mas Sócrates era, na opinião de Platão, o paradigma adequado do filósofo ideal, devido ao tipo de pessoa que Platão acreditava que Sócrates fora e ao tipo de vida que Platão acreditava que ele vivera. No sentido em que os termos "ficção" e "biografia" designam categorias excludentes, os "diálogos socráticos" não são obras ficcionais nem biográficas. Eles expressam a resposta de seus autores à compreensão que tinham da personalidade de um indivíduo extraordinário e aos acontecimentos da vida daquele indivíduo, e, de modo a compreendê-la, devemos tentar deixar claro o que é conhecido, ou ao menos o que é razoavelmente aceito como verdadeiro, sobre aquela personalidade e aqueles acontecimentos.

# Capítulo 2

# Vida

Embora a data da morte de Sócrates possa ser claramente definida, pelo registro de seu julgamento, como tendo ocorrido no início da primavera de 399 a.C. (ano ateniense de 400/399), há uma controvérsia irrelevante sobre a data exata de seu nascimento. O escrivão Apolodoro, do século II a.C. (citado pelo biógrafo Diógenes Laércio (2.44)) a atribui, com precisão extraordinária (chegando até a mencionar a data de aniversário) ao início de maio de 468 (perto do fim do ano ateniense de 469/8), mas Platão duas vezes (*Apologia de Sócrates* 17d, *Críton* 52e) faz Sócrates se dizer com setenta anos de idade à época de seu julgamento. Portanto, ou supomos que Sócrates, ainda em seu sexagésimo nono ano, quis na verdade dizer que estava se aproximando dos setenta, ou (como entendem muitos estudiosos) a data de Apolodoro (provavelmente definida pela contagem regressiva e inclusiva de setenta anos a partir de 399/400) está um ou dois anos atrasada. A acusação oficial (citada por Diógenes Laércio) cita o nome do pai de Sócrates, Sofrônico, e seu demo, ou distrito, Alopece (logo ao sul da cidade de Atenas), e no *Teeteto* de Platão (149a) Sócrates menciona o nome de sua mãe, Fenarete, e conta que ela era uma parteira imponente. Não é nada impossível que estivesse dizendo a verdade, embora a conveniência do nome (cujo sentido literal é "que revela virtude") e da profissão para o dever que Sócrates se impôs, de agir como parteiro das ideias dos outros (*Teeteto* 149-51), sugira a possibilidade de uma invenção literária. Dizia-se que seu pai era canteiro, e há uma tradição que afirma que o próprio Sócrates se dedicou ao mesmo ofício por algum tempo; o fato de que ele serviu na infantaria pesada, cujos membros tinham de fornecer suas próprias armas e armadura, indica que sua situação econômica era razoavelmente próspera. Seu estilo de vida ascético era provavelmente mais a expressão de uma postura filosófica do que evidência de uma pobreza real. Sua esposa era Xantipa, celebrada por Xenofonte e outros (embora não por Platão) por seu temperamento irascível. O casal teve três filhos, dois deles crianças pequenas à época da morte de Sócrates; obviamente o gênio difícil de Xantipa, se a descrição é verdadeira, não impediu que as relações conjugais continuassem até a velhice de Sócrates. Uma tradição posterior, pouco confiável, implausivelmente atribuída a Aristóteles, menciona uma segunda esposa, chamada Mirto, com quem o casamento é alternadamente descrito como anterior, posterior ou simultâneo ao casamento com Xantipa.

Praticamente nada se conhece da primeira metade da vida de Sócrates. Há relatos que afirmam ter ele sido pupilo de Arquelau, um ateniense, por sua vez discípulo de Anaxágoras; os interesses de Arquelau incluíam a filosofia natural e a ética (de acordo com Diógenes Laércio, "ele disse que o ser tem duas causas, o quente e o frio, que os animais surgem do lodo, e que o justo e o injusto existem não por natureza, mas por convenção" (2.16)). O relato de seu interesse de juventude pela filosofia natural, posto na boca de Sócrates no *Fédon* de Platão (96a e seguintes), pode refletir essa fase de seu desenvolvimento; se assim foi, ele logo desviou seu interesse para outras áreas, e se Arquelau teve qualquer influência sobre a ética de Sócrates, foi necessariamente negativa.

É somente com a deflagração da Guerra do Peloponeso, em 432, quando Sócrates já contava mais de 35 anos, que este começa a surgir na cena histórica. Platão faz referência diversas vezes (*Apologia* 28e, *Cármides* 153a e *O banquete* 219e e seguintes) ao seu serviço militar no cerco de Potideia, no litoral norte do Egeu, nos primeiros anos da

**Figura 2. Uma representação cômica de Sócrates com suas "duas esposas", do pintor holandês do século XVII Caesar Boethius van Everdingen (1606-1678). A pedra em que Sócrates se reclina traz a máxima "Conhece-te a ti mesmo", inscrita no templo de Apolo, em Delfos, que na antiguidade era considerada um lema socrático.**

guerra, e na última dessas passagens faz Alcibíades enaltecer sua coragem em combate e sua notável resistência às severas condições do inverno, quando andava pelas ruas vestindo suas roupas de costume (portanto leves) e descalço. Esta última característica é interessante, visto que liga o retrato que Platão faz de Sócrates com nosso único registro inequivocamente independente de sua personalidade e suas atividades: o retrato que se faz dele na comédia do século V. Algumas linhas do comediógrafo Amêipsias, citado (de acordo com a maioria dos estudiosos, de sua última peça, *Cono*, que conseguiu uma colocação superior à de *As nuvens*, de Aristófanes, no concurso de 423) por Diógenes Laércio, fazem referência à sua resistência física, suas vestes escandalosamente simples e ao seu hábito de andar descalço "para humilhar os sapateiros"; e o costume de não usar calçados é duas vezes mencionado como uma marca registrada de Sócrates em *As nuvens* (103, 363). Outro poeta cômico, Êupolis, referiu-se a ele como um pobretão tagarela que, quando tinha dinheiro para o almoço, não tinha para o jantar, e também como um ladrão, outro detalhe reproduzido na caricatura de Aristófanes (*As nuvens* 177-9). Na década de 420, portanto, Sócrates era suficientemente bem conhecido para ser caçoado por seu estilo de vida excentricamente simples e por sua loquacidade. Mas, embora suas características pessoais tenham por certo fornecido material para as chacotas, é como símbolo de uma série de tendências importantes e, aos olhos do dramaturgo, indesejáveis da vida contemporânea que ele aparece no único retrato dramático que nos restou: o de Aristófanes em *As nuvens*.

O ponto central é bem sintetizado por W. K. C. Guthrie:

> Podemos reconhecer no Sócrates de *As nuvens* pelo menos três tipos diferentes, que jamais se combinam perfeitamente em um indivíduo: primeiro o sofista, que ensina a arte de transformar em bom um mau argumento; segundo, o filósofo natural ateu, como Anaxágoras; e por fim o ascético professor de moral, maltrapilho e esfomeado devido à sua indiferença pelo que é mundano.*

Na peça, Sócrates preside uma instituição na qual os estudantes pagam para aprender técnicas de logro, com o fim de evitar o pagamento de dívidas; isto é chamado de "fazer o argumento mais fraco derrotar o mais forte", um slogan associado ao sofista Protágoras. Uma cena fundamental da peça é o combate entre os dois argumentos, no qual a moralidade convencional do mais forte (também identificado como o Argumento Justo) sucumbe à sofística do mais fraco (o Argumento Injusto). Mas, assim como um professor de sofística, o Sócrates de *As nuvens* é um filósofo natural, especialmente interessado no estudo dos céus, um estudo que envolve a rejeição da religião tradicional, com sua divinização dos corpos celestes, em favor das novas divindades: Ar, Éter, Nuvens, Caos, Língua e "Turbilhão Celeste", que toma o lugar de Zeus como poder supremo do universo. Naturalmente, a nova "religião" fornece as bases metafísicas do imoralismo sofístico, visto que, ao contrário dos deuses tradicionais (que não são

* *A History of Greek Philosophy*, iii. Cambridge, 1969, 372.

"moeda corrente conosco", como diz Sócrates (247-8)), as novas divindades não têm interesse em punir os malfeitores. Na conclusão da peça, a casa de Sócrates é destruída pelo fogo, especificamente como punição pelas condutas ímpias que nela tiveram lugar; "investigar a posição da (espiar o traseiro da) lua" e "blasfemar violentamente contra os deuses" (1506-9) são dois lados da mesma moeda.

Em 423, portanto, Sócrates era suficientemente bem conhecido para ser caricaturado como um representante do novo saber, como o viam os atenienses conservadores, um coquetel subversivo de especulação científica e ginástica argumentativa, com implicações alarmantes para a moralidade e a religião convencionais. Tal paródia, é claro, não implica um conhecimento detalhado da parte do dramaturgo ou do público sobre as doutrinas ou atividades de Sócrates ou dos intelectuais contemporâneos (embora diversos críticos tenham se impressionado com os paralelos entre os detalhes das doutrinas ridicularizadas em *As nuvens* e algumas doutrinas do filósofo natural da época Diógenes de Apolônia). Mas tanto o dramaturgo quanto o público deviam ter alguma imagem (é claro que marcada por muitos exageros, simplismos e deformações) do tipo de coisa que Sócrates, por um lado, e os "intelectuais" como Protágoras e Diógenes, por outro, estavam aprontando. Temos que perguntar o que Sócrates havia feito até 423 para criar essa imagem.

É completamente implausível que ele houvesse realmente feito o que faz o personagem de Aristófanes, isto é, criar em sua casa uma instituição dedicada à pesquisa científica e ao ensino de técnicas argumentativas, ou mesmo que simplesmente recebesse por ensinamentos em qualquer uma dessas áreas. Tanto Platão quanto Xenofonte negam enfática e reiteradamente que Sócrates se afirmasse possuidor de um conhecimento científico ou cobrasse por seus ensinamentos *(Apologia* 19d-20c, 31b-c; Xenofonte, *Ditos e feitos memoráveis de Sócrates* 1.2.60, 1.6.5 e 1.6.13), e o contraste entre o sofista profissional – que acumula grande fortuna *(Mênon* 91d, *Hípias Maior* 282d-e) como um "vendedor ambulante de bens para a alma" (*Protágoras* 313c) – e Sócrates – que doa seu tempo voluntariamente aos outros, por preocupar-se com o bem-estar deles, e por consequência vive na penúria *(Apologia* 31b-c) – é um tema central na diferenciação que Platão estabelece entre os dois. É impossível crer que Platão (e em menor grau Xenofonte) empregaria sistematicamente essa estratégia, caso soubesse que Sócrates já era famoso por ser precisamente um mercenário do conhecimento, mas não é nem um pouco difícil acreditar que a distorção cômica o retrata como tal mercenário, quando, na verdade, ele era outra coisa. Que mais? Algo em que todas as descrições de Sócrates concordam é que ele era, acima de tudo, um argumentador e um questionador, que andava pelas ruas desafiando as pretensões de conhecimento dos outros e revelando inconsistências em suas convicções. Esse era o tipo de coisa que se sabia, ou ao menos se acreditava, que os sofistas faziam e, por dinheiro, ensinavam os outros a fazer. Era, portanto, fácil para Sócrates, que era afinal famoso por seu manto puído *(Protágoras* 335d; Xenofonte, *Memoráveis* 1.6.2; Diógenes Laércio 2.28 (citando Amêipsias)), por estar sempre descalço e por um curioso andar arrogante *(As nuvens* 362; Platão, *O banquete* 221b), transformar-se naquele "esquisitão do Sócrates, que anda por aí discutindo com todo mundo e procurando contradições, um daqueles sofistas, com seus argumentos ardilosos pra diabo, dizendo às pessoas que não existe deus mas sim o ar e o turbilhão, que o sol é uma pedra incandescente, e asneiras desse tipo". Rumores de na juventude ter se interessado pela filosofia natural, se associado com Arquelau, e de ser (possivelmente) uma pessoa de atitudes religiosas heterodoxas podem ter fornecido o recheio para a figura à qual o gênio cômico de Aristófanes deu vida nos palcos, em 423.

Platão menciona dois outros episódios de serviço militar ativo em Délio, na Beócia, em 424 (*Apologia* 28e, *Laques* 181a, e *O banquete* 221a-b), e em Anfípolis, no litoral norte do Egeu, em 422 *(Apologia* 28e). Sua coragem na retirada de Délio tornou-se lendária, e escritores mais tarde relataram que, naquela ocasião, Sócrates salvou a vida de Xenofonte. Como Xenofonte tinha cerca de seis anos na época, o episódio é obviamente fictício, por certo derivado do relato de Alcibíades sobre o heroísmo de Sócrates na campanha anterior, em Potideia, na qual salvou a vida de Alcibíades quando este estava ferido (*O banquete* 220d-e). De qualquer modo, está claro que a excepcional coragem física fazia parte da imagem geralmente aceita de Sócrates, junto com a indiferença às privações, uma notável capacidade de não se embebedar (*O banquete* 214a, 220a, 223c-d) e, de acordo com alguns relatos, um temperamento profundamente impetuoso, no qual a ira e o desejo sexual eram mantidos sob controle pela razão (Cícero, *Tusculanas,* 4.37.80, ver Platão, *Cármides* 155c-e, *O banquete* 216d) (ou não eram, segundo o hostil Aristóxeno). Lemos uma descrição minuciosa de sua aparência física na meia-idade no *Banquete* de Xenofonte, em que Sócrates se descreve como tendo um nariz achatado, de vastas narinas, olhos saltados, lábios grossos (5.5-7) e uma pança (2.19), o que assenta perfeitamente com a descrição de Alcibíades em *O banquete* de Platão, que o assemelha a um sátiro ou Sileno (215b, 216d; ver Xenofonte, *Banquete* 4.19) (sobre o nariz achatado e os olhos saltados ver também *Teeteto* 143e). Dois *scholia* (isto é, anotações marginais em manuscritos, provavelmente escritas na antiguidade tardia) apostos aos versos 146 e 223 de *As nuvens* dizem que ele era calvo, mas não há fonte contemporânea de Sócrates que corrobore isso, e talvez seja uma inferência de sua semelhança aos sátiros, já que estes eram frequentemente retratados como calvos.

Nada mais se sabe dos acontecimentos de sua vida até 406, quando ocorreu aquela que foi aparentemente sua única intervenção, antes de seu julgamento, na vida pública de Atenas. Após uma batalha naval vitoriosa, os generais atenienses não realizaram o resgate dos sobreviventes, e a assembleia decidiu por voto que eles deveriam ser julgados em bloco, e não individualmente, como determinava a lei. Sendo a maioria dos cargos públicos à época distribuída por sorteio, calhou que Sócrates participasse do conselho que devia preparar o caso para ser julgado pela assembleia, e entre os conselheiros foi o único a se opor à proposta inconstitucional. (Essa é a versão dos acontecimentos relatada em *Apologia* 32b-c e por Xenofonte em suas *Helênicas* (1.7.14-15), mas em seus *Memoráveis* Xenofonte por duas vezes (1.1.18, 4.4.2) dá uma versão diferente, na qual Sócrates era o presidente da assembleia durante o debate decisivo e "não permitiu que aprovassem a moção" (o que, dado que a moção foi de fato aprovada, deve ser entendido como "tentou sem sucesso barrar a moção proposta").)*

* Ver Platão, *Górgias* 473e, com comentários de E. R. Dodds, em *Plato: Gorgias* (Oxford, 1959), 247-8.

**Figura 3. A Pnyx, o local de reunião da assembleia ateniense: uma vista do mirante.**

Na derrota final de Atenas, em 404, a constituição democrática foi suspensa, e o poder passou às mãos de uma junta de trinta que, nominalmente constituída para revisar as leis, logo instituiu um reino de terror, no qual milhares foram mortos ou forçados ao exílio. Essa situação durou oito meses, até que a tirania foi derrubada por uma violenta contrarrevolução, e a democracia, restaurada. Sócrates tinha amizades em ambos os lados. Eminentes entre os Trinta eram seus conhecidos Cármides e Crítias (parentes de Platão), ambos mortos nas lutas que ocorreram com a derrubada da tirania, enquanto entre os democratas seus amigos incluíam o orador Lísias e Querefonte, os quais foram exilados e membros ativos da resistência aos tiranos. Sócrates manteve a postura apolítica que adotara sob a democracia. Ele permaneceu em Atenas, mas, quando os tiranos tentaram implicá-lo, obtendo sua cumplicidade na prisão de um homem chamado Leão de Salamina, Sócrates recusou-se a cooperar "e simplesmente foi para casa" (*Apologia* 32d, ver Xenofonte, *Memoráveis* 4-4.3). Não há indício de uma oposição política, mas apenas a mesma simples recusa a tomar parte em ilegalidades e imoralidades que motivara sua tomada de posição no julgamento dos generais. Não há evidências de uma participação na derrubada da tirania; o silêncio de Platão e, ainda mais significativo, o de Xenofonte sobre o assunto indicam que não houve tal participação.

## Julgamento e morte

Em algum momento do ano 400 ou bem no começo do ano 399, um jovem obscuro chamado Meleto (*Êutifron*, 2b) fez contra Sócrates a seguinte acusação:

> Meleto, filho de Meleto de Pitos, apresentou e juramentou esta denúncia contra Sócrates, filho de Sofrônico de Alopece: Sócrates é culpado de não reconhecer os deuses que a cidade reconhece e de introduzir novas divindades. É culpado também de corromper a juventude. Pena: a morte.

Dois outros tiveram parte na acusação: Lícon, também desconhecido, e Anito, um político de destaque na democracia restaurada. Após um inquérito preliminar (mencionado no início do *Êutifron* de Platão) diante do magistrado que se encarregava dos casos religiosos, conhecido como rei, o caso foi a julgamento diante de um júri de quinhentos cidadãos, no início da primavera de 399.

**Figura 4. Ruínas do Pórtico Real ou *Stoa Basileios*, o palácio do arconte rei, que era encarregado das questões religiosas. Sócrates veio a este prédio para ser formalmente acusado de impiedade.**

Não nos restou nenhum registro do julgamento. Nos anos que se seguiram a ele, vários autores escreveram supostos discursos de acusação ou defesa; dois desses últimos, os de Platão e Xenofonte, chegaram até nós, e nenhum dos de acusação. Depois dos discursos e dos depoimentos das testemunhas de ambos os lados, o júri votou, encarregado de condená-lo ou absolvê-lo. De acordo com *Apologia* 36a, o júri decidiu-se pela condenação por uma maioria de sessenta votos, presume-se que com um placar aproximado de 280 a 220. Quando se chegou ao veredicto, cada lado falou novamente, para propor a pena, e o júri teve de decidir entre as duas propostas. A acusação exigiu a pena de morte, enquanto Sócrates (segundo Platão), após haver basicamente se recusado a propor uma pena (em *Apologia* 36d-e, Sócrates propõe que, sendo ele um benfeitor público, concedam-lhe o direito de fazer refeições gratuitas pelo restante de sua vida na prefeitura), foi por fim levado a propor a multa não desprezível de meio talento, o equivalente a mais de oito anos de salário de um artesão competente (38b). O júri votou por sua morte e, de acordo com Diógenes Laércio, a pena de morte recebeu oitenta votos a mais do que o veredicto de culpado, indicando uma divisão de 360 a 140; a recusa de Sócrates a aceitar uma pena havia evidentemente alienado uma parte considerável daqueles que de início votaram pela absolvição.

Normalmente, a execução se seguia imediatamente à condenação, mas o julgamento coincidiu com a partida de uma missão anual à ilha sagrada de Delos, durante a qual, por motivos de pureza ritual, era ilegal realizar execuções (*Fédon* 58a-c). Portanto, houve um intervalo de um mês (Xenofonte, *Memoráveis* 4.8.2) entre o julgamento e a execução da sentença. Sócrates passou esse período na prisão, mas seus amigos tinham fácil acesso a ele (*Críton* 43a), e Platão sugere em *Críton* que Sócrates teve oportunidade de fugir, presumivelmente com a conivência das autoridades, às quais a execução de uma figura tão ilustre poderia muito bem representar um estorvo (45e, 52c). Se de fato houve a oportunidade, Sócrates a recusou. A cena final está imortalizada na representação idealizada de Platão, no *Fédon*. O método de execução, a autoadministração de uma dose de cicuta moída, era menos terrível do que a alternativa mais comum, um tipo de crucificação, mas as evidências medicinais indicam que os efeitos do veneno eram, na verdade, muito mais excruciantes do que o fim tranquilo e majestoso retratado por Platão faz supor. De acordo com Platão, suas últimas palavras foram "Críton, devemos um galo a Asclépio; não se esqueça de saldar essa dívida" (*Fédon* 118a). Asclépio era o deus da saúde, e o sacrifício de um galo, uma ação de graças comum pela cura de uma doença. Talvez essas tenham sido realmente suas últimas palavras, e neste caso é interessante que sua última preocupação tenha sido uma questão de ritual religioso. (Isso foi uma dificuldade para os admiradores racionalistas de Sócrates dos séculos XVIII e XIX.) Porém, o caráter idealizado da descrição platônica torna plausível que a escolha dessas palavras tenha sido determinada antes pela adequação dramática do que pela precisão histórica. Se essa suposição é verdadeira, o objetivo pode ter sido dar uma última demonstração da piedade de Sócrates, mas isso se encaixaria melhor no relato de Xenofonte do que no de Platão. Uma sugestão recente e engenhosa é a de que o detalhe faz referência à afirmação (59b) de que Platão estava ausente, por motivo de doença, no momento final. A oferenda seria em agradecimento pela recuperação de Platão e marcaria a sucessão dele como herdeiro filosófico de Sócrates. Tal nível de autopromoção parece implausível; a tese mais antiga (defendida por Nietzsche, entre outros), de que a oferenda é feita em prol do próprio Sócrates, em gratidão por ser curado da doença da vida (cf. Shakespeare: "Depois das febris convulsões da vida, ele dorme bem") parece mais provável.

A falta de qualquer registro do julgamento torna impossível uma reconstituição precisa das acusações feitas a Sócrates. As acusações explícitas citadas anteriormente são vagas o bastante para permitir que nelas seja englobada uma ampla variedade de condutas; além disso, a prática jurídica ateniense permitia a introdução de informações que, embora estritamente irrelevantes à acusação literal, talvez influenciassem o júri contra ou a favor do réu. Uma antiga tradição afirma que o verdadeiro motivo da condenação de Sócrates foi político, ou seja, a sua suposta influência sobre aqueles de seus discípulos que haviam se tornado famosos por condutas antiatenienses e antidemocráticas, sobretudo Alcibíades e Crítias; assim, o orador Ésquines asseverou categoricamente que "Vós, atenienses, mataram o sofista Sócrates porque ele era considerado mestre de Crítias, um dos 32 que derrubaram a democracia" (*Contra Timarco* 173 (discurso proferido em 345 a.C) cf. Xenofonte, *Memoráveis* 1.2.12-16). Dada a má fama de Alcibíades,

**Figura 5. Estes pequenos vasos foram encontrados em uma cisterna na prisão da cidade. Considera-se que armazenavam veneno para as execuções.**

Crítias, Cármides e outros discípulos conhecidos de Sócrates, como Fedro e Erixímaco, ambos implicados (junto com outros do círculo socrático) em um célebre escândalo religioso no ano de 415 a.C, seria estranho se a acusação não mencionasse os crimes deles para difamar Sócrates, imputando-lhe a corrupção da juventude. Em 403 foi aprovada uma anistia proibindo que pessoas fossem acusadas de crimes cometidos anteriormente, mas isso não impedia a menção a acontecimentos passados de modo a exemplificar o caráter do réu. Portanto, parece praticamente certo que a acusação de corromper a juventude possuía ao menos uma dimensão política. Isso não permite concluir que as acusações especificamente religiosas fossem mera fachada para uma perseguição puramente política, ou que a suposta corrupção não tivesse em si mesma um aspecto religioso, além do político. Vimos que, na década de 420, Aristófanes transformara Sócrates em um subversor da religião tradicional, cujos deuses são depostos em favor de "novas divindades", como o Ar e o Turbilhão, e em um corruptor da boa moral e da educação tradicional. Sua *Apologia* deixa claro que Platão considerava que parte dessas calúnias ainda gozavam de crédito público em 399, e não vejo motivos para duvidar de que ele estava certo. Embora as evidências de toda uma série de processos contra intelectuais livre-pensantes, incluindo Protágoras e Eurípides, no final do século V, sejam altamente duvidosas, é provável que Anaxágoras tenha fugido de Atenas devido à ameaça de sofrer processo por sua declaração ímpia de que o sol era uma pedra incandescente; e o cuidado que Platão toma na *Apologia* em distanciar Sócrates de Anaxágoras (27d-e) indica que ele considerava que aquele caso influíra muito no ataque feito a Sócrates.

Há também algumas evidências de que as atitudes e o comportamento religioso de Sócrates eram considerados excêntricos. Era conhecido que Sócrates afirmava ser guiado por um sinal divino particular, uma voz interior que o aconselhava a não fazer coisas que lhe seriam prejudiciais, como entrar na política (*Apologia* 31c-d), e na *Apologia* (ibidem) ele diz que Meleto caricaturou isso em sua denúncia. É claro, não havia nada de ilegal ou ímpio em tal afirmação, mas, tomada em conjunto com outras evidências de não conformidade, ela poderia ser mencionada para mostrar que Sócrates contornava os canais de praxe em sua comunicação com o divino, como Êutifron sugere no diálogo (*Êutifron* 3b, cf. Xenofonte, *Memoráveis* 1.1.2). Ademais, há evidências do século IV de que o Estado ateniense, embora pronto a aceitar deidades estrangeiras como Bendis e Asclépio, permitindo que fossem incluídas no culto oficial, considerava a introdução de cultos privados perigosa, a ponto de merecer a pena de morte. Então, quaisquer evidências de Sócrates visto como o líder de um culto privado indicariam um preconceito potencialmente muito nocivo contra ele. Temos alguns indícios de tais evidências. Em *As nuvens*, Sócrates inicia Estrepsíades em seu "Pensatório", em uma paródia das cerimônias de iniciação aos mistérios religiosos (250-74), enquanto um coro de *As aves* (peça de Aristófanes apresentada em 414) mostra Sócrates envolvido na evocação de fantasmas às margens de um lago misterioso, e seu discípulo Querefonte, "o morcego" (um dos discípulos em *As nuvens*), como um dos fantasmas que ele conjura (1553-64). Aqui temos a insinuação de que Sócrates é o líder de uma camarilha que se intromete em coisas ocultas, e o episódio de seu transe em Potideia, quando ficou

**Figura 6. A Morte de Sócrates.** ***Críton fechando os olhos de Sócrates Morto*** **(1787-1792), de Antonio Canova.**

imóvel e perdido em pensamentos durante 24 horas (*O banquete* 220c-d), pode ter contribuído para uma reputação de esquisitice. Embora possa nos parecer que a representação de Sócrates como um filósofo natural ateu não se encaixe bem com a imagem de um mago que conjura espíritos, essa dicotomia pode não ter sido tão evidente no século V a.C.; e de qualquer modo, o que nos interessa é mais um clima de ideias do que um conjunto de acusações precisamente articulado. Sócrates, proponho eu, era visto como um religioso atípico e como um subversor da religião e da moralidade tradicionais, cuja influência corruptora havia sido espetacularmente demonstrada pelos crimes notórios de alguns de seus discípulos mais próximos.

É tudo o que direi sobre o caso da acusação. Quanto à defesa, embora houvesse uma tradição (que parece remontar ao século IV a.C.) de que Sócrates não se defendeu de maneira alguma, o peso das evidências sugere que ele apresentou uma defesa, mas uma que para os padrões normais foi incomum a ponto de dar azo à opinião de que ele não a havia preparado com antecedência, e/ou de que não esperava realmente convencer o júri, ou sequer tinha intenção disso (ambas em Xenofonte, *Apologia* 1-8). (É muito provável que a história contada por Cícero (*De Oratore* 1.231) e outros, de que Lísias escreveu um discurso de defesa que Sócrates recusou-se a proferir, por estar em desacordo consigo, indica simplesmente que uma defesa de Sócrates estava entre os discursos atribuídos a Lísias; ver [Plutarco] *Vida de Lísias* 836b.) É natural perguntar o quanto da essência de sua defesa pode ser reconstituída a partir das duas versões que possuímos, as de Platão e Xenofonte. As duas são de cunho muito diferente. A de Platão, mais de quatro vezes maior, pretende-se uma transcrição literal dos três discursos feitos por Sócrates, o primeiro em resposta às acusações, o segundo feito após sua condenação, tratando da questão da pena, e um último discurso para os jurados, após o voto a favor da pena de morte. A de Xenofonte é uma narrativa, começando com uma explicação dos motivos de Sócrates para não preparar sua defesa, seguida de supostos excertos (em discurso direto) do discurso de defesa principal e do último discurso para o júri, e terminando com alguns relatos de coisas que Sócrates disse após o julgamento. Há também diferenças consideráveis de conteúdo. Ambas representam Sócrates respondendo, no discurso principal, às três alegações da acusação, mas o teor das réplicas é inteiramente diferente. O Sócrates de Xenofonte refuta a acusação de não reconhecer os deuses da cidade, afirmando ser assíduo na adoração pública; ele toma a acusação de introduzir novas divindades como referente apenas ao seu sinal divino, e responde observando que a fé em sinais, oráculos etc. é um elemento consolidado da religião tradicional. A acusação de corrupção é refutada basicamente por um apelo à sua reconhecida prática das virtudes convencionais, corroborada por sua alegação (aceita por Meleto) de que o verdadeiro objeto da queixa é a educação dos jovens, que deveria ser considerada um benefício, e não um mal. O tom, ao longo de todo o discurso, é rigorosamente convencional, a tal ponto que o leitor pode muito bem se perguntar por que se fez qualquer acusação contra aquele homem.

O Sócrates de Platão, em contrapartida, começa por afirmar que a presente acusação é o ponto culminante de um processo de difamação, cuja origem ele atribui à caricatura feita por Aristófanes, na qual as duas falsidades primordiais são (I) que ele afirma ser um conhecedor da filosofia natural e (II) que ele ensina por dinheiro. (Ao refutar o segundo ponto, afirma que *não* educa as pessoas, assim contradizendo o Sócrates de Xenofonte.) Em resposta à pergunta imaginada de o que em sua conduta real possibilitara essa difamação, ele de fato chega a afirmar que é a posse de um certo tipo de sabedoria. A explicação do que é essa sabedoria o afasta muito do Sócrates de Xenofonte, já que envolve nada menos do que uma defesa do seu modo de vida como uma missão divina, mas uma missão de tipo inteiramente incomum.

Essa missão foi, de acordo com o Sócrates de Platão, motivada por uma pergunta feita por seu amigo Querefonte ao oráculo de Apolo, em Delfos. Querefonte perguntou se havia alguém mais sábio do que Sócrates, ao que o oráculo respondeu que não. Já que Sócrates sabia não possuir nenhum tipo de conhecimento, ficou intrigado quanto ao significado do que dissera o oráculo e, portanto, saiu à procura de alguém mais sábio do que ele, entre os sábios publicamente reconhecidos (em primeiro lugar, os sábios em assuntos públicos, e em seguida os poetas e os artesãos). Ao interrogá-los sobre seus conhecimentos, entretanto, descobriu que eles na verdade não possuíam a sabedoria que afirmavam ter, e eram, portanto, menos sábios do que Sócrates, que tinha ao menos consciência da própria ignorância. Ele então percebeu que a sabedoria que o oráculo lhe atribuíra consistia exatamente nessa consciência da ignorância, e que ele tinha uma missão divina de mostrar aos outros que suas pretensões a uma sabedoria real eram infundadas. Essa iniciativa de examinar os outros (normalmente chamada de "elenchus* socrático" do grego *elenchos*, "exame"), que foi a base de sua impopularidade e consequente difamação, Sócrates descreve, mais adiante no discurso, como o maior benefício já conferido à cidade, e sua obrigação de dar continuidade a ela em obediência ao deus como sendo tão rigorosa que ele não estaria pronto a abandoná-la mesmo que, fazendo-o, pudesse salvar a própria vida.

Essa história levanta uma série de questões, das quais a primeira, obviamente, diz respeito à autenticidade do

---

* Instrumento da dialética que consiste em tomar os argumentos do interlocutor como hipóteses e depois deduzir deles as consequências até fazer aparecer uma contradição. (N.T.)

oráculo. A anedota é verídica ou, como foi sugerido por alguns estudiosos, foi simplesmente inventada por Platão? Não há registros oficiais do oráculo de Delfos, nos quais possamos conferir a anedota; a grande maioria das respostas oraculares de que temos conhecimento é mencionada em fontes literárias cuja confiabilidade deve ser examinada caso a caso. O fato de que também Xenofonte menciona o oráculo não é uma prova independente, dado que é bem provável que ele tenha escrito a sua *Apologia* com conhecimento da de Platão, e é portanto possível que tenha nela se baseado. É impossível ter certeza, mas pessoalmente me inclino a pensar que a história é verídica; caso não fosse, por que Platão identificaria Querefonte como o autor da pergunta, em vez de simplesmente dizer que "alguém" a fez, e acrescentaria o detalhe circunstancial de que, embora Querefonte já estivesse morto à época do julgamento, seu irmão ainda estava vivo para testemunhar a veracidade da história? Mais importante do que a historicidade da anedota são os diferentes usos que dela fazem Platão e Xenofonte. De acordo com Xenofonte, o oráculo disse que ninguém possuía um espírito mais livre, ou era mais justo, ou tinha mais autocontrole do que Sócrates, e o relato apresenta então um inventário de exemplos dessas virtudes, no qual a sabedoria é mencionada apenas circunstancialmente. Segundo Platão, o oráculo disse que ninguém era mais sábio do que Sócrates, e a sabedoria socrática é identificada com o autoconhecimento. Xenofonte usa a anedota para respaldar seu retrato convencional da virtude moral de Sócrates. Platão, para apresentar a investigação socrática como o cumprimento de uma missão divina, e portanto como um ato supremo de piedade.

Outra característica extraordinária da versão platônica da anedota do oráculo é a transformação da jornada de Sócrates, de uma busca pelo significado do que o oráculo dissera, em uma missão de vida de cuidar das almas de seus concidadãos, submetendo-os ao seu escrutínio. Em 23a, o significado do que dissera o oráculo está elucidado: "Na verdade deus [isto é, somente deus] é sábio, e a sabedoria humana pouco ou nada vale (...). Entre vocês, humanos, é mais sábio aquele que, como Sócrates, reconheceu que, em sabedoria, não vale nada". Mas essa descoberta, longe de pôr fim à busca de Sócrates, o faz decidir-se a continuá-la: "por isso ainda hoje circulo, de acordo com os desejos do deus, procurando qualquer cidadão ou estrangeiro que penso que seja sábio; e quando me parece que não é, prestando um auxílio ao deus, mostro-lhe que não é sábio". Por que Sócrates está "prestando um auxílio ao deus" quando mostra às pessoas que suas pretensões à sabedoria são infundadas? O deus quer que Sócrates revele às pessoas sua carência de sabedoria autêntica, a qual só a deus pertence; mas por quê? Isso era parte da sabedoria tradicional: os humanos deviam reconhecer sua inferioridade perante os deuses; castigos terríveis, como o esfolamento que Apolo infligiu a Mársias, por desafiá-lo a uma competição musical, provavelmente recairiam sobre aqueles que tentassem vencer o abismo que separa uns dos outros. Mas os benefícios que resultavam da investigação socrática não são do tipo exterior. Mais exatamente, o desafio de Sócrates é "cuidar da inteligência, da verdade e da alma (a fim de que seja a melhor possível)" (29e), já que "a riqueza e todos os outros bens humanos, nas esferas pública e privada, surgem da virtude" (30b). Existe, portanto, uma relação íntima entre o autoconhecimento e a melhor alma possível; ou o autoconhecimento é idêntico a esse estado de alma, ou é uma condição dele, necessária, suficiente, ou talvez necessária e suficiente. É por isso que nunca bem maior sucedeu à cidade do que o serviço que Sócrates prestava ao deus.

Os detalhes da relação entre o autoconhecimento e a melhor alma possível não são explicados na *Apologia.* O que está claro é que aqui Platão enuncia o tema da relação entre conhecimento e virtude, que é fundamental em muitos dos diálogos, e que esse tema é apresentado na *Apologia* como o núcleo da resposta de Sócrates à acusação de não reconhecer os deuses da cidade. Ao contrário de Xenofonte, Platão nada diz sobre a observância, pública ou privada, da parte de Sócrates, das práticas religiosas tradicionais. Em vez disso, ele apresenta a própria vida filosófica como uma espécie mais elevada de prática religiosa, vivida em obediência a um deus que deseja dar às nossas almas, isto é, a nós mesmos, a maior perfeição possível. Cada autor faz Sócrates responder às acusações nos termos de seus objetivos pessoais, sendo o de Xenofonte destacar a virtude e a religiosidade convencionais de Sócrates, e o de Platão apresentá-lo como o modelo da vida filosófica.

A versão de Platão das respostas às outras acusações mostra o poder do método socrático de questionamento. A acusação de introduzir novas divindades é refutada induzindo Meleto a reconhecer, sob interrogatório cruzado, que sua posição é inconsistente, já que ele afirma ao mesmo tempo que Sócrates introduz novas divindades e que não reconhece deus algum, enquanto a acusação de corrupção é respondida com o argumento de que, se Sócrates corrompeu seus discípulos, deve ter sido involuntariamente, já que, se corrompidos, seriam prejudiciais para Sócrates, e ninguém se prejudica intencionalmente. Visto que essa segunda tese é central às teses éticas em favor das quais Sócrates argumenta em vários diálogos platônicos, nós vemos Platão formulando a resposta às acusações contra Sócrates fiando-se não meramente na técnica argumentativa de Sócrates, mas também na teoria ética socrática. Platão vê a acusação a Sócrates como um ataque não só ao indivíduo, mas, mais significativamente, à prática socrática da filosofia, acusação que deve ser refutada pela demonstração de sua verdadeira natureza (ou seja, um serviço a deus) e pela utilização de seus recursos argumentativos e doutrinais. A réplica de Xenofonte, por sua vez, tem pouco ou nenhum conteúdo filosófico.

Está claro, portanto, que a esperança de reconstituir os discursos de defesa efetivamente proferidos por Sócrates no julgamento juntando as informações de nossas duas fontes é vã, visto que cada uma delas apresenta a defesa em uma forma determinada por seus objetivos particulares. A questão de se qualquer afirmação ou argumento específico relatado por Platão ou por Xenofonte foi realmente proferido ou utilizado por Sócrates me parece insolúvel. Examinada sob uma perspectiva mais ampla, me parece que a versão platônica pode muito bem reproduzir o tom do julgamento e da defesa de Sócrates com maior exatidão do que a de Xenofonte por dois motivos. Primeiro, a importância que Platão dá à caricatura de Aristófanes e aos seus efeitos (inteiramente ausente da versão de Xenofonte) insere a acusação em seu contexto histórico, e dá muito mais sentido às acusações de dissidência e inovação religiosa do que a versão de Xenofonte. Em segundo lugar, a apresentação da missão elêntica de Sócrates como um serviço ao deus e um benefício à cidade expressa muito melhor do que o relato insípido de Xenofonte o caráter atípico da defesa de Sócrates e, ironicamente, exibe de maneira muito mais convincente que a de Xenofonte a arrogância que este diz ter sido observada por todos os escritores, e que ele se propõe a explicar.

# Capítulo 3

# Literatura socrática e o problema socrático

A descrição da vida e da morte de Sócrates esboçada no capítulo anterior já nos obrigou a lidar com o chamado "problema socrático", isto é, a questão do acesso fornecido pelas fontes que possuímos à vida e à personalidade do Sócrates histórico. Cada afirmação naquele capítulo partiu de algumas suposições, explícitas ou implícitas, sobre o caráter e a confiabilidade da fonte na qual se baseou. Particularmente, o relato do julgamento de Sócrates destaca as diferentes posições apologéticas que dão forma às apresentações da defesa de Sócrates por Platão e Xenofonte, concluindo que, embora possamos identificar com alguma verossimilhança as diretrizes gerais do ataque feito a Sócrates, nossas fontes somente sugerem o caráter geral de sua defesa, deixando-nos em dúvida sobre os detalhes. Este capítulo se propõe a contextualizar esse resultado, fazendo um breve esboço da literatura antiga sobre Sócrates que chegou até nós e dos gêneros nos quais ela se enquadra.

## Autores que não Platão

Sobre o primeiro tipo de literatura socrática, a caracterização de Sócrates na comédia do século V, nada tenho a acrescentar ao que disse no capítulo anterior. Ao que se sabe, é a única literatura socrática que foi escrita antes da morte de Sócrates, e seu retrato do filósofo não pode ter sido influenciado por Platão. Ela nos dá uma caricatura contemporânea a Sócrates, a qual o associa a alguns aspectos importantes da vida intelectual da época, e tudo leva a crer que tenha contribuído substancialmente para o clima de desconfiança e hostilidade que por fim levou à sua morte.

No primeiro capítulo de sua *Poética*, Aristóteles se refere aos "diálogos socráticos" (*Sōkratikoi Logoi*) como pertencentes a um gênero de imitação ainda sem nome, junto com os mimos de Sófron e Xenarco, dois escritores sicilianos do século V (ao que tudo indica, pai e filho). Os mimos eram representações dramáticas de situações da vida cotidiana (restam-nos alguns títulos, como *Sogra* e *Os pescadores de atum*), ficcionais e, ao que se sabe, cômicas, classificados entre as de personagens masculinos e as de personagens femininos; não há indicação de que os personagens retratados incluíssem pessoas reais. Embora Aristóteles os considere como pertencentes ao mesmo gênero dos diálogos socráticos, e Platão, segundo se diz, os tenha introduzido em Atenas e foi por eles influenciado na caracterização de seus personagens, não devemos exagerar o grau de semelhança, que consiste essencialmente do fato de que ambos são representações em prosa de diálogos da vida (aproximadamente) contemporânea. Em especial, não devemos tirar conclusões precipitadas – por serem os mimos inteiramente ficcionais e pelos diálogos socráticos pertencerem ao mesmo gênero dos mimos, de que os diálogos socráticos são, portanto, inteiramente ficcionais. Em um sentido, ao menos, eles não são inteiramente ficcionais: seus personagens são, em sua maioria, tirados da vida real. Até que ponto a representação desses personagens é ficcional é uma outra questão.

As fontes antigas atribuem a diferentes autores a invenção do "diálogo socrático", mas não há dúvidas de que a escrita de tais diálogos era difundida entre os discípulos de Sócrates, dos quais pelo menos nove, além de Platão e Xenofonte, são mencionados por uma fonte ou outra como os tendo escrito. Não há provas sólidas de que qualquer uma dessas obras tenha sido escrita antes da morte de Sócrates, e é razoável supor que seus autores compartilhassem o objetivo, explícito em Xenofonte, de prestar homenagem a Sócrates e defender sua memória tanto das acusações feitas no julgamento quanto dos relatos hostis, como a *Acusação de Sócrates*, um panfleto (hoje perdido), escrito por um retórico de nome Polícrates, depois de 394 a.C. Alguns amigos de Sócrates, de acordo com Diógenes Laércio, tomaram notas das conversas de que participaram, e não há motivo para rejeitar essa informação. Mas, da mesma forma que não devemos supor que os "diálogos socráticos" são inteiramente ficcionais, devemos também evitar o erro contrário de considerá-los baseados em transcrições de conversas que de fato ocorreram. A função das anotações não era proporcionar um registro literal para publicação posterior, mas sim preservar os materiais genuinamente socráticos para incorporá-los em reconstruções predominantemente imaginativas.

Com exceção dos escritos de Platão e Xenofonte, apenas uma parcela muito pequena dessa literatura sobreviveu. Da maioria dos autores, tudo que temos são títulos e alguns poucos fragmentos. Alguns dos títulos sugerem interconexões temáticas, inclusive com os diálogos platônicos. Dessa forma, diz-se que Críton escreveu um *Protágoras* e uma defesa de Sócrates; que Ésquines, Antístenes, Euclides e Fédon escreveram cada um o seu *Alcibíades*; que Ésquines e

Antístenes escreveram cada um uma *Aspásia* (Aspásia foi a célebre amante do estadista Péricles e a inspiração do *Menexeno* de Platão); e que Antístenes escreveu um *Menexeno*. Entre o que nos resta, particularmente interessante é um fragmento de papiro anônimo, hoje em Colônia*: ele contém parte de um diálogo entre Sócrates e uma pessoa sem nome, na cela de Sócrates, após sua condenação (evocando o *Críton* de Platão), no qual se pergunta a Sócrates por que não se defendeu no julgamento. Em resposta, Sócrates afirma, como no *Protágoras*, que o prazer é o fim supremo da vida, um ponto de vista defendido pela escola cirenaica, fundada pelo discípulo de Sócrates, Aristipo (também um autor de diálogos). Já se sugeriu, plausivelmente, que o autor do papiro talvez pertencesse a tal escola. Outra relação possível com o *Protágoras* de Platão é fornecida pelo *Cálias,* de Ésquines (cuja casa é o cenário do diálogo de Platão e também do *Banquete* de Xenofonte). Além de seu *Alcibíades*, Euclides de Megara escreveu um *Ésquines*, um *Críton* e um *Erótico* (esse último sobre um tema tipicamente socrático, como se vê pelo *Fedro* e por *O banquete* de Platão, e pelo *Alcibíades* de Ésquines). A proeminência do nome de Alcibíades nessa lista não é acidental. Como vimos no capítulo anterior, a ligação entre Sócrates e Alcibíades por certo dera alento à acusação de corrupção da juventude e provavelmente ainda estava sendo usada para manchar a reputação de Sócrates após sua morte; nas palavras de Xenofonte (*Memoráveis* 1.2.12): "O acusador [talvez Polícrates] diz que Crítias e Alcibíades, discípulos de Sócrates, causaram o maior mal à cidade. Pois Crítias foi o mais

* Para detalhes, ver J. Barnes "Editor's Notes", *Phronesis*, 32 (1987), 325-6.

ganancioso e violento dos oligarcas, e Alcibíades, o mais devasso e insolente dos democratas". Tornou-se então um tema central da literatura socrática demonstrar que, longe de encorajar Alcibíades em sua devassidão, Sócrates procurara refreá-la, e que os crimes dele (que incluíam sacrilégio e traição) haviam resultado de sua desatenção aos conselhos e ao exemplo de Sócrates, e não ao fato de tê-los seguido. Xenofonte argumenta banalmente, em *Memoráveis* 1.2, que (como Crítias) Alcibíades se comportava bem sempre que estava na companhia de Sócrates, que se desviou somente quando deixou de associar-se a ele e que, de qualquer maneira, seu motivo para associar-se a Sócrates fora desde o início desejo de poder político, e não estima por Sócrates. (Um argumento perigoso, pois por que o desejo de poder o levaria a associar-se a Sócrates, a menos que acreditasse que Sócrates o ajudaria a obtê-lo?) A versão platônica, em *O banquete*, da relação entre Alcibíades e Sócrates, apresentada na primeira pessoa pelo personagem dramático do próprio Alcibíades, se destina a demonstrar a mesma coisa. A coragem e o autocontrole de Sócrates (que resiste às bajulações bissexuais de Alcibíades, normalmente irresistíveis) o enchem de vergonha e do reconhecimento de que ele deve agir da maneira que Sócrates lhe propõe, mas, quando está longe de Sócrates, se deixa influenciar pelas lisonjas da multidão, de modo que ele ficaria feliz de ver Sócrates morto (216b-c). O tema do *Primeiro Alcibíades*, provavelmente pseudoplatônico, é semelhante. Alcibíades, convencido de que sua capacidade é superior à de qualquer um dos líderes políticos oficialmente reconhecidos, propõe-se a entrar na política, e a tarefa de Sócrates é convencê-lo de que ele não é qualificado, pois não possui o conhecimento necessário, ou seja, o conhecimento do que é melhor. O diálogo termina com Alcibíades prometendo submeter-se a Sócrates, ao que Sócrates responde, claramente fazendo referência aos seus respectivos destinos, que teme que a cidade mostre-se forte demais para os dois.

Ambição, vergonha e conhecimento são temas igualmente centrais no *Alcibíades* de Ésquines de Esfeto, do qual possuímos alguns fragmentos substanciais. Sócrates narra a um companheiro sem nome uma conversa com Alcibíades, começando por observar como as ambições políticas de Alcibíades são movidas por uma rivalidade com Temístocles, o grande estadista que liderara Atenas na guerra persa de 480. Ele então chama atenção para como as realizações de Temístocles basearam-se no conhecimento e na inteligência, que ainda assim foram insuficientes para salvá-lo, no fim, do desterro e da desonra. O objetivo disso é demonstrar a Alcibíades sua inferioridade intelectual perante Temístocles e a consequente vaidade de suas pretensões a rivalizá-lo, e a estratégia tem tanto sucesso que Alcibíades começa a chorar, pousa a cabeça nos joelhos de Sócrates e implora que Sócrates o eduque. Sócrates conclui dizendo ao seu companheiro que conseguiu produzir esse efeito não por alguma capacidade sua, mas por um dom divino, o qual ele identifica com seu amor por Alcibíades: "e assim, embora eu não conheça nenhuma ciência ou habilidade que possa ensinar para o benefício de qualquer pessoa, considerei, no entanto, que, fazendo companhia a Alcibíades, poderia torná-lo uma pessoa melhor pelo poder do amor". Esse excerto combina dois temas de grande importância na representação que Platão faz de Sócrates: a negação tanto de possuir conhecimento quanto da capacidade de ensinar, e o papel do amor em estimular relações cujo objetivo é a educação do amado (ver especialmente *O banquete* e *Fedro*).

O único outro diálogo socrático do qual nos resta algum fragmento mais longo (excetuando os diálogos de Platão e

**Figura 7. Uma representação de Alcibíades sendo repreendido por Sócrates. (Escola italiana, c. 1780)**

Xenofonte) é a *Aspásia* de Ésquines. Esse também tem relação com temas de outros escritos socráticos. É um diálogo entre Sócrates e Cálias, cujo início faz lembrar a *Apologia* de Platão, 20a-c, mas de maneira oposta, já que nesta Sócrates relata uma conversa na qual Cálias recomenda o sofista Eueno de Paros como tutor para seus filhos, ao passo que, no diálogo de Ésquines, Cálias pergunta a Sócrates quem ele recomendaria como tutor e fica surpreso quando Sócrates sugere a famigerada cortesã Aspásia. Sócrates baseia sua recomendação mencionando duas áreas nas quais Aspásia é especialmente qualificada: a retórica, na qual instruiu não apenas o famoso Péricles, como também Lísicles, outro político eminente; e a orientação conjugal. O primeiro tópico é comum a esse diálogo e ao *Menexeno* de Platão, no qual Sócrates pronuncia um discurso fúnebre, o qual diz ter sido escrito por Aspásia, que, diz ainda, havia ensinado retórica a muitos, inclusive a Péricles, e escrito o famoso discurso fúnebre relatado por Tucídides no livro dois de sua história. O tópico da orientação conjugal fornece uma ligação interessante com Xenofonte, pois os beneficiários dos sábios conselhos de Aspásia descritos por Sócrates não são outros além de Xenofonte e sua esposa. (O estilo dos conselhos é caracteristicamente socrático, já que Aspásia parte de uma série de exemplos nos quais tanto o marido quanto a mulher querem ter o melhor possível de tudo, roupas, cavalos etc., concluindo que ambos desejam o melhor cônjuge, do que ela infere que cada um deles deve tornar perfeita a relação.) É difícil crer que seja coincidência o fato de Xenofonte referir-se duas vezes à aptidão de Aspásia para arranjar esposas e educá-las (*Memoráveis* 2.6.36, *Econômico* 3.14). Não devemos, é claro, supor que Xenofonte tenha de fato se beneficiado pessoalmente dos conhecimentos de Aspásia, como descreve Ésquines; o importante é que este era um tema comum no círculo literário socrático, e quem quer que tenha tratado dele posteriormente (uma questão que as evidências parecem deixar em aberto) provavelmente o fez tendo em mente o primeiro tratamento dado à questão. Devemos nos manter igualmente céticos quanto à precedência relativa do *Menexeno* de Platão e das *Aspásias* de Ésquines e Antístenes, e a dos vários *Alcibíades*. Em geral, parece haver pouca ou nenhuma base para a tentativa de atribuir uma precedência relativa entre as obras socráticas, com exceção de alguns casos em que Xenofonte parece referir-se bem claramente às obras de Platão.

Os escritos socráticos de Xenofonte e os diálogos socráticos de Platão são os únicos textos de literatura socrática que sobreviveram em suas formas integrais. Além da versão de Xenofonte da defesa de Sócrates, temos a obra *Ditos e feitos memoráveis de Sócrates*, quatro livros de relatos, predominantemente em discurso direto, dos diálogos de Sócrates; o *Banquete*, uma descrição vívida de um jantar no qual Sócrates é um dos convidados, semelhante e certamente contendo referências a *O banquete* de Platão; e *Econômico*, um tratado moralizante sobre a administração dos bens na forma de um diálogo socrático. A abertura dos *Memoráveis* deixa claro que seu propósito é, antes de tudo, apologético. Xenofonte começa citando a acusação feita a Sócrates e introduz os diálogos elaborando, nos dois primeiros capítulos, os temas de sua *Apologia*: que Sócrates era excepcionalmente pio, uma pessoa de virtude exemplar e uma boa influência sobre seus discípulos mais jovens, alguns dos quais, infelizmente, arruinaram-se ao ignorar seus conselhos. No restante do livro, esses temas são desenvolvidos em uma série de diálogos, que normalmente se dão entre Sócrates e uma outra pessoa, embora às vezes seja dito que outros estavam presentes; os interlocutores são em sua maioria figuras conhecidas do círculo socrático, como Aristipo, Críton e seu filho Critóbulo, e o próprio Xenofonte, mas também outros, como um dos filhos de Péricles, os sofistas Antífon e Hípias, e uma prostituta de luxo de nome Teodota. O último capítulo retorna ao tema que abre a *Apologia*, o de que Sócrates não preparou uma defesa porque seu sinal divino indicara que era melhor para ele morrer do que declinar até a decrepitude, concluindo com um panegírico de Sócrates, dito o melhor e mais feliz dos homens, que não apenas se sobressaía em todas as virtudes, mas também as estimulava nos outros.

Portanto, a obra é essencialmente uma versão da *Apologia*, mais completa e com mais exemplos. Em conformidade com as características dessa última, o conteúdo dos diálogos se concentra fortemente na piedade, na elevação moral e nos bons conselhos práticos. Por exemplo, Sócrates dá a um conhecido seu, chamado Aristodemo, um homem irreligioso, uma pequena aula sobre a ordenação providencial do mundo, observando, entre outras coisas, que os cílios foram feitos para proteger os olhos do vento (1.4), e encoraja o hedonista Aristipo a cultivar o autocontrole, contando-lhe uma história do sofista Pródico sobre como Héracles escolheu as sóbrias alegrias da virtude, preterindo as atrações vulgares do vício (2.1). Ele discute a função dos generais com uma série de interlocutores (3.1-5), ajuda um amigo em dificuldades financeiras, convencendo-o a colocar as mulheres de sua grande família para trabalhar na confecção de roupas (2.7), e dá conselhos sobre a importância da boa forma física (3.12) e sobre as boas maneiras à mesa (3.14). Isso não equivale a dizer que a obra não tem conteúdo filosófico. Vemos Sócrates usando métodos argumentativos que conhecemos de Platão, como argumentos indutivos, ao chegar a uma conclusão partindo de uma série de casos semelhantes (por exemplo, 2.3), frequentemente derivados de exemplos de profissões práticas, e há exemplos de interrogatórios cruzados com a intenção de mostrar que a pessoa interrogada não possui o conhecimento apropriado (especialmente 3.6 e 4.2, em que o exame das respectivas pretensões à liderança política de Gláucon, irmão mais velho de Platão, e de um jovem discípulo chamado Eutidemo faz lembrar os exames similares de Alcibíades no *Alcibíades* de Ésquines e no pseudoplatônico *Primeiro Alcibíades*). Dois capítulos, 3.9 e 4.6, são dedicados a assuntos filosóficos comuns aos diálogos platônicos; o primeiro destes começa com uma discussão de se a coragem é um dom natural ou é adquirida através da instrução, um caso especial da questão que abre o *Mênon* e é de grande importância no *Protágoras*, e no decorrer do capítulo (seções 4-5) Xenofonte relata que Sócrates identifica a sabedoria primeiramente com o autocontrole e depois com a justiça e com as outras virtudes. Isso também liga esse capítulo ao *Mênon* e ao *Protágoras* – em ambos, Sócrates defende a tese de que virtude é conhecimento. Em 4.6, o assunto é a definição; como em diversos diálogos platônicos, Sócrates identifica a questão "O que é isto ou aquilo?" (por exemplo, "O que é justiça?") como a pergunta filosófica por excelência, ilustrando seu argumento com os exemplos da piedade (discutida no *Êutifron*) e da coragem (discutida no *Laques*).

Na seção 6, ele declara o "paradoxo socrático", conhecido de *Mênon*, *Górgias* e *Protágoras*, de que ninguém que tem o conhecimento da coisa certa a fazer deixa de fazê-la, e na seção 11 faz a asserção análoga de que aqueles que sabem como lidar apropriadamente com o perigo são corajosos, e aqueles que cometem erros, covardes, uma tese que Sócrates defende em *Protágoras* 359-60.

Podemos sintetizar dizendo que, embora nos *Memoráveis* a filosofia ocupe um papel secundário em relação à piedade, à moralidade e aos conselhos práticos, a filosofia que a obra de fato contém é reconhecivelmente comum a outros escritos socráticos, em especial os de Platão. Isso levanta a questão de se devemos tratar Xenofonte como uma fonte independente para os elementos de doutrina e método filosófico, assim fortalecendo o argumento que os atribui ao Sócrates histórico, ou se devemos concluir que Xenofonte se baseia naqueles mesmos escritos socráticos, acima de tudo os de Platão. É necessário proceder com cautela. Realmente existem alguns indícios nos escritos de Xenofonte de que ele se baseou em Platão. O *Banquete*, 8.32, contém uma referência bastante clara aos discursos de Pausânias e Fedro em *O banquete* de Platão, e é no mínimo provável que os muitos escritos mais antigos sobre o julgamento de Sócrates, aos quais Xenofonte se refere em *Apologia* 1, incluam a *Apologia* de Platão.* Nada há nos *Memoráveis* que indique tão claramente uma referência específica a Platão, e não é justificável concluir que qualquer semelhança temática deva

---

* Para detalhes, ver P. A. Vander Waerdt. "Socratic Justice and Self-Sufficiency: The Story of the Delphic Oracle in Xenophon's *Apology of Socrates*", *Oxford Studies in Ancient Philosophy*, 11 (1993), 1-48.

ser explicada por Xenofonte basear-se em Platão, em vez da influência na direção oposta, ou por se basearem em uma fonte comum, incluindo a memória do Sócrates histórico. (Temos muito pouca informação sobre as datas de composição das obras tanto de Platão quanto de Xenofonte.) Por outro lado, Xenofonte deixou Atenas dois anos antes da morte de Sócrates e não voltou senão depois de mais de trinta anos. A maior parte de seus escritos socráticos foi composta durante esse período de exílio, no qual ele foi privado do contato com Atenas e deve, portanto, ter confiado nos escritos de outros socráticos, incluindo Platão, para reavivar sua memória e aprofundar seus conhecimentos sobre Sócrates. Dado que as coincidências filosóficas mencionadas acima poderiam ser todas explicadas pela influência platônica, e dado que devemos presumir que Xenofonte tenha feito algum uso dos escritos de Platão durante sua ausência de Atenas, a estratégia mais prudente é reconhecer que os elementos filosóficos dos *Memoráveis* não devem ser tratados como uma fonte independente sobre a filosofia do Sócrates histórico. Igualmente, não temos razão para supor que a representação que Xenofonte faz da personalidade de Sócrates e tampouco a apresentação do conteúdo de seus diálogos sejam de todo modo mais autênticas historicamente do que as de qualquer outro escritor socrático. O próprio Xenofonte é o interlocutor em um diálogo (1.3.8-15), e em alguns outros casos ele diz ter estado presente (por exemplo, 1.4, 2.4-5, 4.3), mas na maioria das vezes ele não faz tal alegação, e de qualquer maneira a alegação de ter estado presente pode ela mesma ser um componente das convenções literárias; ele diz ter comparecido ao jantar retratado em seu *Banquete* (*Banquete* 1.1), cuja data dramática é 422, época em que tinha, no máximo, oito anos de idade. Alguns diálogos são exemplos óbvios de tipos comuns na literatura socrática, como discussões com sofistas (1.6, 2.1, 4.4) e interrogatórios cruzados de jovens ambiciosos (3.1-6, 4.2-3). A apresentação dos diálogos de Sócrates nos *Memoráveis* pode de fato dever algo a recordações de diálogos socráticos que realmente ocorreram, recordações do próprio Xenofonte ou de outras pessoas, mas (*a*) não temos como identificar quais elementos da obra têm essa fonte e (*b*) está claro que tais elementos, se os houver, contribuem para uma obra que é moldada por seu objetivo apologético e pelas convenções literárias do gênero socrático.

Concluo esta seção abordando outro escritor que, embora não seja autor de diálogos socráticos, é considerado uma fonte independente de informações sobre o Sócrates histórico – a saber, Aristóteles. (Aristóteles chegou a escrever diálogos, hoje perdidos, mas nada sugere que fossem socráticos no sentido de representar as conversações de Sócrates.) Ao contrário dos outros que discutimos até aqui, Aristóteles não conheceu Sócrates pessoalmente; este morreu quinze anos antes do nascimento de Aristóteles. Ele juntou-se, como estudante, à Academia de Platão aos dezessete anos, em 367, e nela permaneceu durante vinte anos, até a morte de Platão, em 347. Supõe-se que nesse período ele tenha tido contato pessoal com Platão. Há numerosas referências a Sócrates em suas obras; frequentemente o contexto deixa claro que ele está se referindo ao personagem de Sócrates representado em algumas obras platônicas, por exemplo, *Política* 1261$^{a}$5-8, em que ele se refere pelo nome à *República* de Platão, dizendo "Lá, Sócrates diz que esposas, crianças e bens devem ser de posse comum". Às vezes, no entanto, o contexto indica que a intenção de Aristóteles é referir-se ao Sócrates histórico, e é a respeito de algumas dessas passagens que temos de examinar se sua apresentação de Sócrates pode ser plausivelmente considerada independente da caracterização platônica.

A passagem crucial é *Metafísica* $1078^b27$-32, em que Aristóteles, discutindo os antecedentes da teoria das formas de Platão, diz o seguinte:

> Há duas coisas que podem ser com justiça atribuídas a Sócrates, os argumentos indutivos e as definições gerais, pois ambos lidam com o ponto de partida do conhecimento; Sócrates, contudo, não separou o universal ou as definições, mas eles [isto é, Platão e seus discípulos] sim, chamando-os de formas das coisas.

Visto que, na obra de Platão, Sócrates defende em vários diálogos a teoria de que as formas têm uma existência própria, em especial em *Fédon* e na *República*, e refere-se a ela como algo que é conhecido de todos os participantes da discussão (*Fédon* 76d, *República* 507a-b), a informação de que Sócrates na verdade não separava os universais de suas ocorrências não pode ser derivada da leitura que Aristóteles fez de Platão, e é irresistível inferir que a sua fonte foi a tradição oral da Academia, originando-se, em última análise, do próprio Platão. Não somos obrigados a supor que Aristóteles fosse pessoalmente íntimo de Platão, quase quarenta anos mais velho do que ele (embora se diga que era um pupilo dileto e tenha escrito um poema em louvor a Platão), ou que recordações pessoais do indivíduo Sócrates fossem um tópico de discussão importante na Academia. Tudo o que devemos supor é que alguns fatos básicos sobre o papel de Sócrates em relação a Platão eram de conhecimento comum na academia. Seria de surpreender que não fosse assim, e o ceticismo de alguns estudiosos modernos quanto a esse ponto é completamente injustificável. O quanto essa tradição incluía, além do fato de que Sócrates não atribuía existência própria às formas, é impossível dizer. Eu considero plausível que incluísse as duas asserções positivas que Aristóteles associa com aquela negativa, ou seja, de que Sócrates buscava definições universais e de que usava argumentos indutivos.

## Platão

Sócrates aparece em todos os diálogos platônicos com exceção de *As leis*, unanimemente considerada a última obra de Platão. Então, a rigor, todos os escritos de Platão, com exceção de *As leis*, da *Apologia* (que não é um diálogo) e das *Cartas* (cuja autenticidade é contestada), são diálogos socráticos. Existem, contudo, variações consideráveis na apresentação da figura de Sócrates ao longo do corpus como um todo. Em dois diálogos, reconhecidos, por razões estilísticas, como obras tardias, o *Sofista* e o *Estadista*, Sócrates aparece apenas no diálogo introdutório, que serve para ligar estes dois diálogos entre si e ao *Teeteto*, enquanto o papel de protagonista no diálogo principal, normalmente creditado a Sócrates, é atribuído a um Estrangeiro de Eleia (isto é, a um representante da filosofia de Parmênides). A mesma situação ocorre em dois outros diálogos da última fase, *Timeu* e sua continuação inacabada, *Crítias*; em ambos os casos, Sócrates figura brevemente na conversação introdutória, e o orador principal é a pessoa que dá nome ao diálogo. No *Parmênides*, Sócrates aparece, pela primeira e única vez, como alguém muito jovem, cujo papel principal é receber instrução no método filosófico, ministrada pelo idoso Parmênides. Mesmo os diálogos em que Sócrates é o orador principal exibem variações consideráveis na caracterização. Alguns dão destaque a acontecimentos da vida de Sócrates, especialmente *O banquete* e as obras centradas em seu julgamento e morte (*Êutifron*, *Apologia*, *Críton* e *Fédon*), mas também (em menor grau) *Cármides*. Alguns, incluindo os mencionados na frase anterior, contêm vívidas descrições da personalidade de Sócrates e das permutas argumentativas entre ele e outros, com destaque especial aos sofistas e seus discípulos. Nesse grupo, além dos que acabo de mencionar, estão *Protágoras, Górgias, Eutidemo, Mênon, República, Hípias Maior, Hípias Menor, Íon, Laques* e *Lísias*. Ademais, em outros, embora Sócrates seja a figura principal no sentido de dirigir o rumo da discussão, ele é muito menos uma personalidade individualizada, e mais uma figura representativa da autoridade filosófica, substituível, apesar da diferença que faria para o rumo da discussão, por um outro; por exemplo, o Estrangeiro de Eleia (ou, talvez, Platão). Parece-me ser esse (embora seja uma questão de opinião pessoal) o papel de Sócrates na *República* (com exceção do livro 1) e também em *Fedro*, *Crátilo*, *Teeteto* e *Filebo*. Como explicar essa plasticidade no retrato platônico de Sócrates, e quais são suas implicações para a relação entre esse retrato e o Sócrates histórico?

No século XIX, investigações das características estilísticas dos diálogos, conduzidas por diversos estudiosos, convergiram independentemente para a identificação de seis diálogos – *Sofista, Estadista, Filebo, Timeu, Crítias* e *As leis* – como as últimas obras do corpus, isto pelas semelhanças estilísticas com *As leis*, obra que, segundo atestam fontes antigas, encontrava-se inacabada à época da morte de Platão. Essa pesquisa também identificou um outro grupo de quatro diálogos – *Parmênides, Fedro, República* e *Teeteto* – como mais próximo do que os outros ao estilo da última fase, levando à hipótese de que eles constituíam um grupo do meio, escrito antes do grupo da última fase e depois dos outros. Pesquisas estilométricas subsequentes, embora confirmando a divisão em três grupos, não conseguiram estabelecer qualquer ordem de composição com a qual todos os especialistas concordassem, dentro de nenhum dos grupos.* A presente discussão aceita a validade desses resultados.

Para o nosso objetivo, a característica mais significativa é o quase desaparecimento de Sócrates das últimas obras; ele se encontra ausente de *As leis* e das discussões principais de todas as outras, com exceção do *Filebo*. Seu papel nesse diálogo é semelhante ao que teve nos diálogos do grupo do meio, com exceção do anômalo *Parmênides*, em que lhe é concedido o papel de interlocutor de Parmênides. Nos diálogos *Filebo*, *Fedro*, *República* e *Teeteto*, embora Sócrates tenha o papel principal, funciona antes como porta-voz da teoria filosófica e exponente da técnica argumentativa do que como um indivíduo em discussão com outros indivíduos. Essas distinções são, é claro, questão não só de opinião como também de grau. Isso não equivale a sugerir que a figura de Sócrates, nos diálogos do grupo

* Para um resumo útil das evidências, ver C. H. Kahn, *Plato and the Socratic Dialogue* (Cambridge, 1996), capítulo 2.

do meio, não tenha características individuais e tampouco a negar que algumas dessas o ligam à figura retratada nos primeiros diálogos; tanto que, no *Fedro*, Sócrates anda descalço (229a) e ouve sua voz divina aconselhando-o a não concluir prematuramente a discussão (242b-c). Além disso, mesmo nos primeiros diálogos, a figura de Sócrates tem um papel arquetípico, o do verdadeiro filósofo. Mas o que está perfeitamente claro é que o interesse de Platão na personalidade de Sócrates como a personificação ideal da filosofia muda no decurso de sua carreira de escritor. No início, aquela personalidade é suprema, mas gradualmente sua importância declina, e a figura de Sócrates passa a assumir o papel despersonalizado de porta-voz da filosofia de Platão, ao ponto de ser substituído por figuras francamente impessoais, como o Estrangeiro de Eleia e o Ateniense de *As leis*. O que se segue tratará principalmente da representação de Sócrates nos diálogos do primeiro período.

Essa representação, deve-se novamente enfatizar, pertence ao gênero dos "diálogos socráticos", e nossas advertências anteriores contra a hipótese de um historicismo ingênuo se aplica a eles tanto quanto aos escritos de Xenofonte e dos outros socráticos. Ao contrário de Xenofonte, Platão jamais afirma ter estado presente a qualquer dos diálogos que relata. Ele indica ter estado presente ao julgamento de Sócrates (*Apologia* 34a, 38b), o que suponho que seja verdade, mas nós vimos que isso não justifica tomarmos a *Apologia* como uma transcrição do discurso que Sócrates de fato proferiu. Em um caso significativo, ele afirma explicitamente a sua ausência: quando, no início do *Fédon,* Fédon diz a Equécrates os nomes daqueles que estavam com Sócrates em seus últimos dias, ele acrescenta “Quanto a Platão, creio que estava doente” (59b). O efeito disso é distanciar Platão da narrativa; a testemunha não é o próprio autor, mas um de seus personagens, Fédon, e portanto as afirmações dessa testemunha ocular devem ser interpretadas como parte do contexto dramático. Conclui-se que o que é narrado – por exemplo, que Sócrates defendeu a imortalidade da alma partindo das teorias das formas e da reminiscência – é parte da ficção dramática. Tendo a pensar que a afirmação de Platão de não ter presenciado os últimos momentos de Sócrates é matéria de convenção literária tanto quanto as alegações de Xenofonte de ter estado presente aos diálogos socráticos, e que é muito provável que Platão tenha estado presente.

Em alguns casos (*Cármides*, *Protágoras*) o diálogo é representado como tendo ocorrido antes do nascimento de Platão, e em outros (*Êutifron*, *Críton*, *O banquete*) o *mise-en-scène* torna impossível a presença dele. Em sua maioria, os diálogos não contêm comprovações de que são registros de diálogos que realmente ocorreram, e onde essa afirmação é feita em casos específicos, como em *O banquete* (172a-174a), tal afirmativa é em si parte de uma elaborada ficção, na qual o narrador explica como ele pode descrever um diálogo no qual não esteve presente. O ponto central é que, para os objetivos apologéticos e filosóficos de Platão, a verdade histórica era quase que inteiramente irrelevante; por exemplo, o ponto principal dos diálogos em que Sócrates confronta os sofistas é evidenciar o contraste entre o seu filosofar genuíno e a impostura deles, e desse modo manifestar a injustiça da calúnia que, ao associar Sócrates com os sofistas, havia causado a sua morte. Para esse objetivo, era completamente indiferente que Sócrates tenha de fato se encontrado alguma vez com Protágoras ou Trasímaco, ou, caso sim, que as discussões realmente tenham sido semelhantes àquelas representadas no *Protágoras* e no livro 1 da *República*. Como acontece com Xenofonte, pode ser que Platão faça algum uso de recordações reais; mas não podemos saber em que casos, e de qualquer maneira isso não importa.

Até aqui, tratamos como um único grupo todos aqueles diálogos que os critérios estilométricos indicam como mais antigos do que o "grupo do meio": *Parmênides, Fedro, República* e *Teeteto*. Naquele grupo, qualquer diferenciação tem de recorrer a critérios não estilométricos. Para isso, as informações de Aristóteles são essenciais. Aceitando como histórica sua afirmação de que Sócrates não separava as formas, podemos identificar os diálogos do grupo estilisticamente mais antigo nos quais Sócrates defende a teoria das formas, a saber, *Fédon*, *O banquete* e *Crátilo*, como diálogos em que, ao menos no que tange a isso, o Sócrates do diálogo não é o Sócrates histórico. Esse resultado pode agora ser complementado por algumas conjecturas sobre a trajetória provável do desenvolvimento filosófico de Platão, que têm uma plausibilidade ao menos razoável.

É razoável ver, na atribuição da teoria das formas a Sócrates, um estágio no processo da transformação de Sócrates em uma figura de autoridade que fala mais diretamente em nome de Platão do que o Sócrates de seus primeiros escritos. Isso é indicado por algumas outras características desses diálogos. *O banquete* dá bastante ênfase à personalidade de Sócrates: começa por mencionar que ele estava excepcionalmente bem-arrumado para o jantar (174a) e que chegou atrasado, consequência de ter parado no caminho para refletir sobre um problema (174d-175b, uma miniversão do transe em Potideia, mencionado depois no mesmo diálogo (220c-d)), e culmina no panegírico de Alcibíades, o que o põe diretamente na tradição socrática dos diálogos que contam com a presença de Alcibíades. Mas Sócrates tem um outro papel no diálogo, o de porta-voz que relata o discurso de uma mulher sábia, Diotima, a quem pertence a descrição do papel educacional do amor, culminando na visão da forma da Beleza (201d-212c). Então, a rigor, não é Sócrates quem pessoalmente defende a teoria, mas fala em nome de alguém que o faz. Penso que Platão tenha usado esse artifício para demarcar a transição do Sócrates dos fatos históricos e da tradição do gênero socrático (não explicitamente distintos um do outro) para o que podemos chamar de Sócrates platônico. Sócrates falando com as palavras de Diotima é um estágio intermediário no caminho até o Sócrates do *Fédon* e da *República*, que nesse ponto assumiu a teoria das formas como sua. No que diz respeito ao *Fédon*, vimos que a morte de Sócrates nele retratada não foi sua verdadeira morte, e já foi sugerido que Platão deu sinais de que a narrativa não reproduz o que Sócrates realmente disse. Outra indicação disso é o mito final sobre o destino da alma após a morte, no qual Sócrates sai de sua própria pessoa para contar o que "segundo se diz" (107d). O tema de *Crátilo*, em especial o seu interesse no significado linguístico e nas teorias do fluxo de Heráclito, o liga firmemente ao *Teeteto* e ao *Sofista*, do qual pode ser plausivelmente considerado um prelúdio.

Além da teoria das formas, duas outras doutrinas que podem ser razoavelmente atribuídas a Platão são as da divisão tripartite da alma, que não aparece antes das obras do grupo do meio, *República* e *Fedro*, e a teoria da reminiscência. Esta é plausivelmente atribuída a influências pitagóricas encontradas em sua primeira visita à Sicília, em 387, e tem uma ligação muito próxima com a teoria das formas, explicitamente em *Fédon* e no *Fedro*, e, pode-se argumentar, implicitamente no *Mênon*. Também intimamente ligada à reminiscência está a teoria da reencarnação: ela é o tópico central dos grandes mitos da vida após a morte que fecham o *Fédon* e a *República*; é sugerida, embora não receba uma importância especial, no mito em *Górgias*; tem grande importância no mito em *Fedro*; e aparece em algumas discussões do *Mênon* e do *Fédon*. Minha sugestão é que o Sócrates que defende essas doutrinas é uma figura através da qual Platão diz, num grau cada vez maior, suas próprias palavras, usando a voz daquele.

Isso nos deixa com um grupo de diálogos estilisticamente mais antigo, no qual Sócrates não afirma nenhuma das doutrinas que identifiquei como especificamente platônicas: a teoria das formas, a divisão tripartite da alma, as teorias da reminiscência e da reencarnação. Deixando de fora os dois diálogos *Alcibíades*, sendo esses provavelmente espúrios, e o *Menexeno*, por não ser em essência um diálogo socrático, mas uma paródia de um discurso fúnebre, estes são: *Apologia, Êutifron, Críton, Cármides, Laques, Lísias, Íon, Eutidemo, Protágoras* e os dois diálogos *Hípias* (dos quais a autenticidade do *Hípias Maior* também é contestada). A esses, devem-se acrescentar o *Górgias* e o *Mênon*, provavelmente obras de transição, contendo características que os ligam tanto ao grupo primeiro quanto ao grupo dos diálogos "platônicos" do meio. Isso não equivale a dizer que o Sócrates desses diálogos seja o Sócrates histórico. Platão, como todos os outros escritores socráticos, tem desde o início interesses diante dos quais a verdade histórica é secundária; no caso de Platão estes são a defesa de Sócrates e a apresentação do método socrático como um paradigma da filosofia.

Esses diálogos, porém, apresentam uma imagem de Sócrates que é coerente tanto psicológica quanto (numa proporção significativa, embora não por inteiro) doutrinalmente. Ademais, essa imagem é mais próxima da realidade histórica nos seguintes sentidos: primeiro, o tipo de discussão neles apresentado é provavelmente mais próximo dos verdadeiros diálogos socráticos do que a argumentação mais técnica de, digamos, *Teeteto*; em segundo lugar, nesses diálogos, o fardo de doutrina platônica que Sócrates carrega não é tão pesado.

No tocante à representação de Sócrates feita por Platão, não se pode traçar uma linha nítida que separe o "Sócrates histórico" do "Sócrates platônico". O Sócrates platônico é simplesmente a descrição que Platão faz de Sócrates em seus escritos. Essa descrição, como espero que o esboço acima tenha indicado, passa por um desenvolvimento inteligível, desde a representação de uma personalidade bastante individualizada, que se ocupa de um tipo de atividade filosófica altamente idiossincrático, até a mera aplicação do rótulo "Sócrates" à marionete que representa as opiniões de Platão. O primeiro estágio desse processo, embora mais próximo da realidade histórica, nunca é uma simples descrição dela, e a transição dele a um estágio mais "platônico" é contínua, e não uma mudança abrupta.

O capítulo seguinte examina o conteúdo desse primeiro estágio da representação de Sócrates. Duas pressuposições da presente discussão devem ser explicitadas. A primeira é que, embora o principal método investigativo de Sócrates seja o exame crítico das opiniões dos outros, o objetivo desse método é, ao menos algumas vezes, produzir argumentos em favor de certas teses que Sócrates defende, e não simplesmente revelar as incoerências nas opiniões das pessoas com as quais ele está conversando.* A segunda é que os diálogos não devem ser lidos isoladamente uns dos outros. Alguns estudiosos contemporâneos, ressuscitando a opinião defendida por Grote no século XIX, sugerem que não devemos ter mais esperanças de encontrar uma consistência doutrinal maior e tampouco uma busca coerente de temas comuns nos diálogos platônicos do que podemos encontrar na obra de um dramaturgo como, por exemplo, Sófocles. Eu acredito, ao contrário, que Platão o tempo todo retrata Sócrates empenhado, como filósofo, na busca da verdade e do conhecimento, e que das obras individuais que compõem esse retrato pode-se, portanto, esperar que formem uma imagem coerente de sua atividade filosófica. Isso não equivale, é claro, a dizer que o Sócrates de Platão não mude de ideia, ou a negar que seu retrato de Sócrates mude para refletir as mudanças no seu próprio ponto de vista filosófico (algumas dessas mudanças serão discutidas no próximo capítulo). Tudo o que estou afirmando é que Platão apresenta Sócrates tentando formular uma perspectiva coerente no sentido mais amplo, e é nesse contexto que as mudanças e os desenvolvimentos têm de ser percebidos e explicados.

---

* Argumento brevemente em favor desta afirmação geral em *Plato, Protagoras* (2ª ed.; Oxford, 1991), p. xiv-xvi, e com mais detalhes em favor de casos específicos dela no capítulo 4 deste volume.

## Capítulo 4

# O Sócrates de Platão

Como foi indicado no final do capítulo anterior, iremos examinar a caracterização das doutrinas e dos métodos argumentativos de Sócrates em doze diálogos mais a *Apologia*. As seguintes características são comuns a todos ou à maioria desses diálogos.

I. *Caracterização de Sócrates*. Sócrates é predominantemente caracterizado não como um professor, mas como um investigador. Ele nega ser sábio e busca, normalmente em vão, a elucidação de questões problemáticas junto de seus interlocutores, pelo método do *elenchus*, isto é, pelo exame crítico de suas opiniões. Em alguns diálogos, especialmente no *Protágoras* e no *Górgias*, a atitude investigativa dá lugar a um tom mais assertivo.

II. *Definição*. Muitos dos diálogos se ocupam da tentativa de definir uma virtude ou algum outro conceito ético significativo. *Êutifron* pergunta "O que é a devoção ou a piedade?", *Cármides*, "O que é a temperança?", *Laques*, "O que é a coragem?", *Hípias Maior*, "O que é a excelência ou a beleza?" *Mênon*, explicitamente, e *Protágoras*, implicitamente, tratam da questão geral "O que é a virtude?". Em todos esses diálogos, a discussão termina em aparente fracasso, com Sócrates e seu(s) interlocutor(es) reconhecendo que não conseguiram achar a resposta para a questão principal; em alguns casos, há indicações textuais de qual é a resposta correta.

III. *Ética*. Todos esses diálogos lidam com a ética no sentido amplo de como se deve viver. Além dos diálogos que procuram por definições, *Críton* lida com um problema ético prático: Sócrates deve tentar fugir da prisão depois de sua sentença?; e tanto *Górgias* quanto *Eutidemo* examinam quais devem ser os objetivos da vida. A única exceção óbvia é *Íon*, que é o exame da alegação de sabedoria de um recitador profissional de poesia. Mas até mesmo isso tem uma ligação íntima com o interesse geral pela ética presente nesses diálogos, já que o desmascaramento das pretensões de Íon à sabedoria tem a implicação de que tanto os poetas quanto seus intérpretes são dirigidos não pela sabedoria, mas por inspirações não racionais, e de que, portanto, a poesia não tem direito ao papel central na educação que lhe foi atribuído pela tradição grega. Esse pequeno diálogo deve ser visto como um primeiro ensaio sobre o tópico que ocupa grande parte dos escritos de Platão, a saber, os objetivos da educação e as qualificações apropriadas do educador.

IV. *Sofistas*. Em vários desses diálogos, especificamente, os dois *Hípias*, *Protágoras*, *Górgias*, *Eutidemo* e *Mênon*, aquele tópico é investigado por meio da representação de um confronto entre Sócrates, de um lado, e diversos sofistas e/ou seus pupilos e seguidores do outro. Esses diálogos com isso desenvolvem o projeto apologético enunciado na *Apologia*.

Esses tópicos serão agora tratados com mais detalhes.

## Sócrates nega ser sábio

Que Sócrates tenha negado saber qualquer coisa, exceto que nada sabia, tornou-se um lema na antiguidade. Mas essa formulação paradoxal é claramente uma interpretação errônea de Platão. Embora Sócrates diga com frequência que não sabe a resposta à questão específica em discussão, ele jamais diz que nada sabe e, de fato, algumas vezes afirma enfaticamente possuir conhecimento, mais notavelmente na *Apologia*, onde duas vezes afirma saber que abandonar sua missão divina seria ruim e desonroso (29b, 37b). O que ele de fato nega é ter qualquer sabedoria (*Apologia*, 21b) e, por consequência, nega educar as pessoas, claramente compreendendo a educação como transmissão de um corpo de sabedoria ou conhecimento (19d-20c). Dadas suas asserções na *Apologia* de que apenas deus é verdadeiramente sábio e de que a sabedoria humana não é nada em comparação com aquela sabedoria autêntica (23a-b), negar possuir sabedoria pode ser entendido simplesmente como uma aceitação das limitações humanas. Possuir sabedoria seria ter o entendimento completo e totalmente claro de todas as coisas, o que é prerrogativa de deus. Nem Sócrates, nem ninguém, pode ter esperança de aspirar a ela, e, ao negar que a possui, Sócrates está apenas se posicionando contra uma arrogância humana que, pelo fato de ser praticamente universal, não deixa de ser blasfema.

Mas ainda que a desvalorização da sabedoria humana enquanto tal seja de fato uma característica da *Apologia*, ao negar que ele possui sabedoria e, consequentemente, que educa os outros, Sócrates está contrastando sua própria condição, não com a sabedoria divina, mas com um paradigma humano de sabedoria. Esse paradigma é realizado por artesãos tais como empreiteiros e sapateiros que, ele reconhece (22d-e), de fato possuem sabedoria, visto que são mestres em seus ofícios, embora errem ao pensar que sua competência especializada se estende a assuntos exteriores ao âmbito do ofício. Essa competência é um corpo estruturado de conhecimentos, que é sistematicamente adquirido e transmitido a outros, pela posse do qual o perito é capaz de solucionar com segurança os problemas práticos apresentados pelo ofício e explicar os fundamentos das soluções dadas. Os sofistas afirmavam possuir e ensinar aos outros uma competência aplicável ao sucesso global na vida social e pessoal, a "técnica política" (*politikē technē*) (*Protágoras* 319a, *Apologia* 19d-20c). Embora Sócrates rejeite essas pretensões, não é por considerar que tal competência não seja acessível aos seres humanos, mas porque a atividade dos sofistas não consegue satisfazer os critérios básicos para que seja considerada uma competência genuína, por exemplo, o de poder ser sistematicamente aprendida e ensinada (*Protágoras* 319d-320b, *Mênon* 89c-94e). Ele próprio nega possuir essa competência (*Apologia* 20c), mas não diz que é impossível que ele, ou qualquer outra pessoa, um dia chegue a possuí-la.

Não há, portanto, razão para presumir que a negação de Sócrates de possuir conhecimento seja um exemplo do que ficou conhecido como "ironia socrática", isto é, fingir ignorância com objetivos dialéticos. De fato, Sócrates com frequência finge admirar o conhecimento supostamente superior da pessoa com quem está conversando (por exemplo, *Êutifron* 5a-b, no qual ele diz que deve instruir-se com Êutifron sobre como defender-se da acusação de Meleto), mas o leitor, de qualquer modo, claramente não deve deixar-se enganar por isso; pelo contrário, essas declarações servem para enfatizar o teor particularmente controverso do que disse o interlocutor, ou a dubiedade de sua pretensão à autoridade. O contexto da *Apologia*, no entanto, exclui a possibilidade de haver qualquer função dialética na negação de possuir conhecimento. Sócrates ali não está fingindo deferência a uma suposta, mas na verdade falsa, autoridade epistêmica; ele está, com perfeita sinceridade, comparando seu próprio estado epistêmico a um paradigma adequado, e considerando-o insatisfatório.

Se a negação de possuir conhecimento é na verdade a negação de possuir sabedoria ou conhecimento especializado, podemos ver como tal negação é compatível com as alegações de possuir conhecimento que Sócrates faz. Quem não é perito pode conhecer algumas coisas específicas, mas não da maneira que o perito as conhece; especificamente, esses itens individuais de conhecimento não se encaixam, no caso daquele que não é perito, em uma rede abrangente de conhecimentos que permite ao perito fornecer explicações da verdade deles através de conexões com outros itens e/ou com a estrutura do todo. Mas como o não perito conhece essas coisas? Normalmente, por ouvir dizer, direta ou indiretamente, de um perito. Sócrates, contudo, não reconhece nenhum perito, ao menos não peritos humanos, em assuntos de moralidade. Então como ele sabe, por exemplo, que não deve abandonar sua missão de filosofar, não importando o que isso lhe custe? Uma resposta possível é que quem lhe disse isso foi deus, um perito em moralidade. Mas, deixando de lado a questão (sugerida pelo *Êutifron*) de como ele sabe que deus é um perito em moralidade, essa na verdade não é uma resposta que é dada ou sequer sugerida na *Apologia* ou em outros escritos.

É possível tentar anular o problema sugerindo que Sócrates não tem a intenção de reivindicar a posse do conhecimento dessas coisas, mas simplesmente de expressar suas crenças. Mas Platão o faz dizer que ele as conhece, então por que suporíamos que Platão não o representa sendo sincero no que diz? Como vimos, Sócrates de fato reconhece um paradigma epistêmico ideal que ele não consegue satisfazer, e contudo afirma possuir conhecimento em casos específicos. Sendo considerada a questão se resume a isto: que a satisfação do paradigma deve ser identificada com o conhecimento, enquanto o estado epistemicamente menos satisfatório em que Sócrates se encontra deve ser relegado ao estado de crença ou opinião. Mas a distinção entre o estado que satisfaz o paradigma, de um lado, e o estado epistemicamente inferior, de outro, pode ser afirmada sem negar ao segundo o título de conhecimento, através do uso da distinção entre o conhecimento integrado do perito e o conhecimento fragmentário do não perito. (Podemos, se quisermos, falar do primeiro como conhecimento "a rigor" e do último como conhecimento "para fins comuns" ou "em um sentido impreciso e popular". Platão, na verdade, não usa tais locuções, mas a distinção essencial permanece a mesma.) Nos resta, a seguir, a questão de como Sócrates, um não perito confesso em questões de moralidade, conhece as verdades morais específicas que afirma conhecer.

A resposta óbvia, embora talvez decepcionante, é que Sócrates não diz como conhece essas verdades. O exame de sua prática argumentativa pode nos dar algumas pistas.

Muitas vezes, seus argumentos parecem concebidos para nenhum outro fim além de revelar que seu interlocutor tem opiniões incoerentes sobre algum assunto do qual ele alega possuir conhecimento, e com isso enfraquecer essa pretensão de conhecimento, como Sócrates descreve que faz, na *Apologia*. Mas ao menos em algumas ocasiões ele claramente pensa que, contanto que seu interlocutor não afirme nada exceto aquilo em que acredita, o exame crítico dessas crenças irá revelar não apenas alguma incoerência entre elas, mas a falsidade de alguma crença. Um caso especialmente claro é a afirmação de Polo e Cálicles, no *Górgias*, de que é melhor fazer o mal do que sofrê-lo. Sócrates afirma (479e) que os argumentos críticos pelos quais levou Polo a aceitar a tese contrária, de que é pior fazer o mal do que sofrê-lo, provaram que a última é verdadeira, e afirma ainda com mais ênfase, ao fim da discussão com Cálicles (508e-509a), que aquela conclusão está "segura por argumentos de ferro e diamante" (isto é, de força irresistível). Ainda assim, essa afirmação um tanto enfática é associada a uma negação de conhecimento: "Minha posição é sempre a mesma, que eu não sei como são essas coisas, porém nenhuma das pessoas que conheci, como no caso presente, conseguiu negá-las sem cair no ridículo".

Aqui temos um contraste entre o conhecimento especializado, que Sócrates nega possuir, e uma posição epistêmica favorável produzida pela aplicação reiterada do *elenchus*. Existem algumas teses de que a repetição de experimentos demonstra que ninguém é capaz de negar sem cair em autocontradição. A fidelidade a elas é sempre, em princípio, provisória, já que sempre há a possibilidade teórica de que alguém proponha um novo argumento que permita escapar até mesmo aos "argumentos de ferro e diamante", como Sócrates reconhece (509a2-4). Mas, realisticamente, Sócrates de fato acredita que os argumentos baseiam-se em princípios que são tão enraizados que não há possibilidade prática de que alguém os consiga negar. Será que as verdades que Sócrates conhece à maneira de um não perito são verdades que confirmou através do *elenchus*? Embora essa seja uma ideia atraente, temos de reconhecer que não tem uma confirmação textual clara. No *Críton* (49a), diz-se que Sócrates e Críton muitas vezes concordaram sobre a proposição fundamental de que ninguém jamais deve agir de forma injusta, e essa concordância os levará a considerar se é apropriado que Sócrates tente fugir da prisão. Por certo, a implicação é de que a concordância baseava-se em razões que ainda estão em vigor; caso contrário, por que Sócrates e Críton simplesmente não mudariam de ideia? Mas não há nada que sugira que aquelas razões tomavam a forma de *elenchus* das crenças de Sócrates e Críton.

Nossa conclusão tem de ser que, embora Sócrates considere que o *elenchus* da crença do interlocutor às vezes revela a verdade, e embora chegar à verdade por esse meio forneça um modelo possível para o conhecimento não especializado, não é justificável atribuir a Sócrates a afirmação de que todo conhecimento moral não especializado é na verdade alcançado por esse método. Ele dá algumas indicações de que conhece algumas verdades morais por ter um bom argumento em defesa delas, mas não fornece uma explicação geral das condições para o conhecimento moral não especializado.

*Górgias* é o diálogo que fornece os casos mais claros nos quais o *elenchus* é visto como um caminho para a descoberta da verdade, e provavelmente não é coincidência que no mesmo diálogo vejamos Sócrates abandonando a sua atitude de investigador não perito e alegando possuir conhecimento especializado. Um dos temas do diálogo é o papel da retórica na educação, isto é, no fomento da melhor vida possível. Sócrates monta uma taxonomia de técnicas genuínas que dizem respeito, respectivamente, ao bem da alma e do corpo, e de falsificações correspondentes a cada uma (463a-465a). O nome genérico da técnica que diz respeito ao bem da alma é *politikē*, a arte da vida, subdividida em legislação, que promove o bem da alma (como a ginástica promove o bem do corpo), e justiça, que o preserva (como a medicina preserva o bem do corpo.) A retórica é o equivalente falso da *politikē*, visto que o objetivo do orador não é promover o bem do povo, mas satisfazer seus desejos, capacitando-os a conseguir o que quiserem através do poder da persuasão. A retórica, assim, promove não a vida genuinamente boa, mas um simulacro espúrio dela, assim como a cosmética é a habilidade não de tornar as pessoas de fato saudáveis, mas de fazê-las parecer saudáveis (465c). A *politikē* é assim uma competência genuína e, num contraste formidável com sua atitude na *Apologia*, vemos Sócrates não apenas afirmar que a pratica, mas também que nenhuma outra pessoa o faz (521d), já que somente ele se preocupa com o bem de seus concidadãos.

Essa concepção de Sócrates como o único praticante genuíno da *politikē* recorre em uma imagem na conclusão do *Mênon* (99e-100a), em que Sócrates resume a conclusão do argumento de que a bondade não pode ser ensinada, mas é adquirida por um dom divino, dom que não é acompanhado pela compreensão, “a menos que houvesse um dos *politikoi* que fosse capaz de transformar alguém mais em *politikos*" (isto é, a menos que houvesse alguém capaz de transmitir sua competência na arte de viver para outra pessoa, coisa que os políticos tradicionais se mostraram incapazes de fazer). Ele segue dizendo que tal homem seria como a descrição que Homero faz de Tirésias no submundo (na *Odisseia*): "Somente ele dos que estão no Hades está vivo, e o resto perambula por aí como sombras". Essa referência à visita de Odisseu ao submundo, no livro 11 da *Odisseia*, retoma a descrição de Sócrates encontrando-se com os sofistas no *Protágoras*, em que Sócrates refere-se aos sofistas citando as palavras de Odisseu (315b-c), com isso classificando-se como um homem vivo e os sofistas como sombras (isto é, fantasmas). Ele é, portanto, o verdadeiro especialista na arte da vida, "no tocante à virtude, a única realidade autêntica, comparado com o qual os outros são sombras" (*Mênon* 100a), que tem (no *Mênon* e no *Protágoras*) uma concepção positiva da natureza da bondade e (no *Mênon*) um novo método de transmitir aos outros essa concepção. Este é o método da reminiscência, no qual o conhecimento que a alma sempre possuiu, mas esqueceu no processo de reencarnação, é redespertado pelo processo do exame crítico.

O desenvolvimento dessa figura mais dominante de Sócrates é uma característica dos diálogos que nós identificamos como de transição entre os primeiros diálogos, "socráticos", e os diálogos do período do meio. É um exemplo específico da transformação gradual, que mencionamos acima, da figura de Sócrates no representante de Platão.

## Definição

O interesse de Sócrates pelas definições surge de sua busca pelo conhecimento especializado. O perito sabe sobre seu assunto, e de acordo com Sócrates o conhecimento primordial acerca de qualquer assunto é precisamente o conhecimento do que é esse assunto. A conexão com o conhecimento especializado é explicitada no *Hípias Maior* (286c-d), em que Sócrates conta a Hípias como, quando estava louvando algumas coisas por serem excelentes e condenando outras por serem abomináveis, foi rudemente desafiado por alguém que disse, "Como você sabe que tipos de coisa são excelentes e que tipos são abomináveis? Conte-me, você saberia dizer o que é a excelência?". Sendo incapaz de enfrentar esse desafio, ele consulta Hípias, cujo conhecimento de todas as coisas inclui, como "parte pequena e insignificante", o conhecimento do que é a excelência; se Hípias fosse incapaz de responder a essa pergunta, sua atividade seria "inútil e amadorística" (286e).

A primazia da pergunta "O que é?" é enfatizada em uma série de diálogos. O padrão geral de argumentação é que qualquer questão específica relativa a um tema, a qual é o ponto de partida efetivo da discussão, por exemplo, como se pode adquirir a bondade, é problemática na falta de um conceito aceito por todos do que aquele tema, neste caso a bondade, é. Por isso, embora a questão específica seja psicologicamente anterior, dado que é nela que de fato se começa a investigação, a pergunta "o que é X?" é epistemologicamente anterior, visto que é impossível responder à primeira sem haver respondido à segunda, mas não vice-versa. A questão problemática pode ser de vários tipos. Em *Laques* (189d-190d), é como uma virtude específica, a coragem, pode ser inculcada, enquanto no *Mênon* (70a-71b) e no *Protágoras* (329a-de, 360e-361a) a questão é ampliada para a bondade como um todo. No livro 1 da *República* (354b-c) é de se a justiça é vantajosa para quem a possui. No *Êutifron* (4b-5d) é de se um caso controverso específico, a acusação de homicídio que Êutifron faz a seu pai, é ou não um exemplo de piedade ou santidade. Da mesma forma, em *Cármides* 158c-59a, a questão de se Cármides tem autocontrole é tratada como problemática, e portanto requer um exame anterior sobre o que é o autocontrole.

O padrão exibido pelos dois últimos exemplos, nos quais a questão "É isto um exemplo do atributo F?" é considerada insolúvel sem que se responda anteriormente à questão "O que é F?", deu azo à acusação de que Sócrates é culpado do que foi chamado de "falácia socrática", ou seja, afirmar que é impossível dizer se alguma coisa é um exemplo de algum atributo a menos que se tenha uma definição daquele atributo. Defender essa tese seria desastroso para Sócrates, não só porque é vulnerável a incontáveis exemplos contrários (por exemplo, todos podemos dizer que uma nota de cinco libras é um exemplo de dinheiro, mesmo que sejamos incapazes de definir o que seja dinheiro), mas também porque a estratégia escolhida por Sócrates para chegar a uma definição é examinar o que os exemplos da natureza ou atributo em discussão têm em comum (ver *Mênon* 72a-c). Obviamente, se não podemos dizer quais são os exemplos da natureza ou atributo em questão antes de chegar a uma definição, o procedimento é inútil, como é inútil o procedimento de rejeitar uma definição apresentando um exemplo contrário, pois se não se pode dizer se qualquer exemplo é um exemplo sem que haja uma definição, igualmente não se pode dizer se qualquer exemplo não é um exemplo sem que haja uma definição. Mas visto que a apresentação de exemplos contrários é um dos métodos característicos do *elenchus* socrático, a falácia destruiria por completo o método argumentativo de Sócrates.

Na verdade, Sócrates não se obriga a essa atitude metodologicamente autodestrutiva. No máximo, os exemplos no *Êutifron* e no *Cármides* o comprometem com a posição de que há alguns casos controversos em que a pergunta "Isto é um exemplo de F?" não pode ser resolvida sem uma resposta à pergunta anterior "O que é F?". Esse juízo não o obriga a afirmar que não existem casos incontroversos, e então deixa aberta para ele a possibilidade de buscar um atributo presente em todos os casos incontroversos de F e ausentes de todos os casos incontroversos de não F, e então resolver os casos controversos determinando se aquele atributo se aplica a eles. (Na verdade, esse método necessariamente deixará a controvérsia sem solução, porque a controvérsia original é transformada em uma controvérsia sobre a adequação de se ampliar a extensão do atributo desde os casos incontroversos para os casos controversos. Essa, contudo, é uma outra questão.)

O desafiante mal-educado de Sócrates em *Hípias Maior*, contudo, de fato parece chegar ao ponto de afirmar que é impossível dizer se qualquer coisa específica é excelente antes que alguém tenha fornecido uma definição da excelência. Quando todas as tentativas de Sócrates e Hípias de definir a excelência fracassam, Sócrates imagina-se sendo confrontado novamente pelo desafiante com a pergunta: "Como você pode saber se qualquer discurso foi construído com excelência, ou qualquer ação realizada de maneira excelente, se você ignora o que é a excelência? E se você se encontra nesse estado, acha que faz diferença para você viver ou morrer?" (304d-e). Não podemos evitar a dificuldade dizendo apenas que essa é a opinião de outra pessoa, e não de Sócrates, já que Sócrates deixa claro que o desafiante mal-educado é um alter ego: "acontece que ele é meu parente próximo, e vivemos na mesma casa" (304d). Porém, a opinião do desafiante não é simplesmente acatada por Sócrates, pois ele conclui (304e) dizendo que acha que sabe pelo menos *isso* – que o provérbio "As coisas excelentes são difíceis" é verdadeiro; mas, de acordo com o desafiante, ele não seria capaz de saber sequer isso. A opinião do desafiante, portanto, não é, afinal, a mesma de Sócrates; é realmente muito próxima dela (e, assim, as duas tendem a ser confundidas) e constitui um desafio, já que, se aceita, destruiria toda a metodologia argumentativa de Sócrates. Por isso, o desafio é distinguir aquela opinião da de Sócrates, mais humilde, de que há alguns casos difíceis que não podem ser solucionados sem a capacidade de se chegar a uma definição. Ser um perito em uma área é ser capaz de dizer com segurança, igualmente para os casos controversos e incontroversos, se um caso qualquer é um exemplo do atributo ou natureza em questão, e para isso, de acordo com Sócrates, é necessário, assim como suficiente, ser capaz de dizer *o que é* o atributo ou natureza.

Os exemplos de *Laques*, *Mênon*, *Protágoras* e *República* (livro 1) revelam um outro padrão: aqui a questão que dá início à busca pela definição de um atributo não é se um dado exemplo controverso enquadra-se nele, mas se o atributo em si mesmo tem algum atributo adicional; especificamente, se a justiça é benéfica para o seu possessor, e se a coragem e a bondade como um todo (isto é, a posse de todas as virtudes, coragem, autocontrole, justiça, sabedoria etc.) podem ser ensinadas. Em *Mênon* 71b Sócrates faz uma analogia sobre o critério da primazia da definição que dá a impressão de ser a mais rasteira das platitudes. Se eu não sei de maneira alguma quem é Mênon, não posso saber se ele tem qualquer atributo, por exemplo, se ele é rico ou bonito. Do mesmo modo, se não sei de maneira alguma o que é a bondade, não há como eu saber qualquer coisa sobre ela, incluindo como ela pode ser adquirida.

Compreendida num certo sentido, a analogia é de fato uma platitude. Se eu nunca ouvi falar de Mênon, a resposta apropriada à pergunta "Mênon é bonito?" é "Desculpe, não sei de quem você está falando". Da mesma forma, se não tenho ideia do que seja a bondade, a resposta adequada a "A bondade pode ser ensinada?" é "Desculpe, eu não sei do que você está falando". Aqui temos dois casos em que um pré-requisito do discurso inteligível sobre um tema, o de que se deve poder identificar o tema, não é satisfeito. Claramente, esse pré-requisito do discurso inteligível não requer a capacidade de obter uma definição do assunto. No caso em que o tema é um indivíduo como Mênon, não é obrigatório estar de posse de qualquer descrição de Mênon que o particularize especificamente, de modo independente do contexto; é possível, por exemplo, ser capaz de identificá-lo apenas apontando-o como "Aquele homem ali", ou indefinidamente como "Alguém que conheci num bar, no ano passado". O análogo no caso de um universal, como a bondade, não é mais do que o requerimento mínimo de saber do que estamos falando quando usamos a palavra; mas isto mais uma vez não pressupõe a capacidade de chegar a uma especificação verbal (isto é, a uma definição) do universal. Para voltar ao nosso exemplo anterior, posso saber do que estou falando quando uso a palavra "dinheiro", mesmo que eu seja incapaz de definir dinheiro; é obviamente suficiente que eu possa, por exemplo, reconhecer exemplos comuns. Ora, nesse sentido está claro que Mênon sabe do que está falando desde o início; senão, ele sequer poderia propor sua pergunta inicial, "A bondade pode ser ensinada?". Então, a platitude de que o discurso inteligível sobre qualquer assunto requer a capacidade de identificá-lo não demonstra a primazia da definição. Por que, então, Sócrates insiste nessa primazia, mesmo que a condição especificada pela platitude seja cumprida?

Para responder a essa pergunta, devemos observar que em *Laques*, *Mênon* e *Protágoras* a busca pela definição de virtudes particulares e da bondade no sentido abrangente é motivada pela questão prática de como essas qualidades podem ser adquiridas. Que tipo de definição dessas qualidades é exigido pela questão prática? Claramente, algo mais do que a simples capacidade de saber do que se está falando é necessário, pois, como vimos, essa capacidade está implícita no próprio ato de se fazer a pergunta prática. É tentador sugerir que, além disso, é necessário apenas a habilidade de elucidar o sentido dicionarizado do termo que designa a qualidade em discussão. No caso do termo grego que eu traduzi individualmente como "virtude" e coletivamente como "bondade" (*aretē*), uma especificação razoavelmente precisa de seu significado seria:

1. Um atributo de um agente, um elemento de um conjunto de atributos individualmente necessários e conjuntamente suficientes para a obtenção do sucesso global na vida.
2. O conjunto de atributos especificados em 1.

Em que sentido a questão prática exige a capacidade de realizar essa elucidação? Ela de fato faz progredir a investigação, visto que deixa claro que a busca é por atributos que possibilitam o sucesso na vida, mas não dá indicações de quais sejam esses atributos nem, e isto é crucial, de como fazer para adquiri-los. As pessoas poderiam concordar com aquela definição, mas discordar radicalmente em suas respostas à questão prática se, por exemplo, algumas achassem que os atributos que trazem sucesso na vida são todos dons da natureza, como a inteligência e a linhagem nobre, e outras que todos pudessem ser adquiridos através da prática, como acontece com as habilidades práticas. A questão prática, dessa forma, parece requerer um tipo diferente de definição que não a elucidação do significado do termo que designa o atributo; requer uma especificação substantiva do que é aquele atributo. Uma especificação substantiva incluirá tanto a análise de um complexo de atributos, distinguindo os componentes de tal complexo (por exemplo, a bondade consiste de justiça, autocontrole etc.) quanto descrições explicativas desses atributos (por exemplo, o autocontrole consiste do controle dos apetites corporais pela razão). Quer dizer, ela fornece uma teoria da bondade, que a explica através da identificação de seus componentes e de suas causas, e com isso indica os métodos adequados para adquiri-la.

Que as definições buscadas sejam desse tipo substantivo é consistente com a exigência de que a capacidade de definir seja a característica própria do perito. O perito em bondade deve ser capaz de explicar o que é a bondade, com vistas a fornecer uma orientação confiável sobre como adquiri-la e conservá-la, assim como o perito em saúde deveria ser capaz de explicar o que é a saúde, com vistas a fornecer uma orientação confiável sobre como tornar-se saudável e assim permanecer. Os textos dos diálogos mencionados acima fornecem alguma confirmação de que as definições buscadas são dessa espécie, mas seria tolice fazer de conta que se distinguem com clareza total das definições que são meras elucidações dos significados dos termos que designam os atributos em questão.

Que a busca de Sócrates é por definições substantivas, e não puramente conceituais ou "analíticas", é indicado pelos diálogos que identificam explicitamente ou sugerem a identificação da bondade com o conhecimento ou com algum outro estado cognitivo. A discussão mais detalhada ocorre em *Mênon* (acima, sugerimos que este é um diálogo de transição entre os "socráticos" e os "platônicos"). Em 75-6 Sócrates tenta explicar para Mênon que está à procura não de listas de virtudes específicas, como coragem e autocontrole, mas de uma definição do que essas virtudes têm em comum, e ilustra isso fornecendo duas definições modelo, primeiro da forma e depois da cor. Dessas, a primeira é uma elucidação conceitual, a saber, de que a forma é o limite de um sólido, e a segunda uma explicação "científica" da cor (com base na teoria de Empédocles, filósofo do século V) como uma torrente de partículas que flui a partir do objeto percebido, de forma e tamanho apropriados para passar por canais oculares e chegar até o órgão sensível interno. Sócrates não dá uma indicação clara de que considera que essas definições sejam de tipos diferentes; ele diz preferir a primeira, mas não sugere por que, exceto por descrever a segunda como "extravagante", talvez indicando que é inferior por ser formulada com o uso de uma terminologia técnica excessivamente elaborada. Embora isso expresse uma preferência pelo que é, na verdade, uma elucidação conceitual em relação a uma definição substancial, Sócrates então propõe uma explicação da bondade do segundo tipo, a saber, que a bondade é conhecimento. Isso em si não é uma elucidação do conceito de bondade, como especificada acima, embora dependa de uma tese conceitual, de que a bondade é vantajosa para seu possessor (em grego, que a *aretē* é *ōphelimon*, 87e). A rigor, é a identificação do conhecimento como aquele estado que é, na verdade, necessário e/ou suficiente para o sucesso na vida, e é alcançado não puramente pela investigação dos significados das palavras, mas pela proposição de uma tese altamente geral sobre como se alcança o sucesso. A tese é que, dado que quase todos os atributos desejáveis, como força ou ousadia, podem levar ao desastre, a única coisa incondicionalmente boa é aquela que fornece a direção adequada para aquelas qualidades, isto é, a inteligência, que é identificada com o conhecimento (87d-89c). Mais uma vez, Sócrates é levado a aparentemente abandonar essa explicação em favor da sugestão revisada de que a bondade não é conhecimento, mas a opinião correta (89c-97c) pela consideração do fato supostamente empírico de que não há quem ensine bondade, como teria de haver caso a bondade fosse uma espécie de conhecimento (outra tese conceitual). Nos argumentos de Sócrates, as teses conceituais e as afirmações empíricas gerais sobre a natureza humana mesclam-se para fornecer a melhor teoria disponível sobre o que realmente é a bondade, isto é, de qual atributo melhor se enquadra na definição fixada acima pela elucidação do conceito.

No *Mênon*, portanto, a questão prática de como se adquire a bondade leva a uma explicação substantiva da bondade como um estado cognitivo. Não é por coincidência que os dois outros diálogos que partem dessa questão, sobre a bondade em geral (*Protágoras*) ou sobre uma virtude específica (a coragem, em *Laques*), exibem um padrão semelhante de desenvolvimento. No *Protágoras*, Hipócrates, jovem amigo de Sócrates, parte da suposição de que a maneira de adquirir a bondade é ser ensinado por Protágoras, mas o conceito que o sofista tem de bondade como um grupo de atributos contingentemente ligados é rejeitado em favor do que é, de fato, uma versão da teoria proposta em *Mênon*, de que a bondade é conhecimento. Em *Laques* a questão de como se adquire a coragem leva, após a rejeição de várias sugestões alternativas, a uma versão específica da teoria de que bondade é conhecimento, isto é, de que a coragem é conhecimento do que deve e do que não deve ser temido (194e-195a). Isso é por fim rejeitado pela seguinte razão: já que o que deve e o que não deve ser temido é idêntico ao que é e o que não é mau, a coragem será então simplesmente o conhecimento do que é e do que não é mau. Mas visto que, nessa explicação cognitiva, é exatamente isso o que é a bondade como um todo, a coragem torna-se idêntica à bondade como um todo, em vez de uma parte dela, como era na hipótese inicial (198a-199e). Por isso, o diálogo termina com a admissão de que os participantes fracassaram em sua busca pelo que é a coragem. Os críticos discordam quanto a se esse resultado inconclusivo deve ser aceito acriticamente e, caso não deva, quais das suposições que levaram até ele devem ser abandonadas. O ponto importante a ser observado é que aqui, mais uma vez, a questão prática leva não somente a uma explicação substantiva do atributo em questão, mas também em direção à mesma explicação que é proposta no *Mênon* e no *Protágoras*.

Não é minha intenção sugerir que, na época em que escreveu esses diálogos, Platão tinha uma compreensão clara da distinção entre as definições puramente conceituais e o tipo substantivo de explicação exemplificado pela teoria cognitiva. O fato de que mesmo no diálogo que discute as definições em maior detalhe, o *Mênon*, que presumo ser um dos últimos entre os diálogos que estou discutindo, ele dá como definições modelo um exemplo de cada tipo – sem qualquer diferenciação explícita entre os dois – sugere que ele não havia chegado a qualquer diferenciação teórica entre as duas. Minha sugestão, em vez disso, é de que sua prática o mostra dando preferência a um tipo de definição que podemos caracterizar como substantiva, ao invés de conceitual, e que a orientação prática das discussões que levam a tais definições fornece uma explicação desse fato.

Às vezes, o rumo do diálogo é indicado de maneira ainda menos clara. No *Êutifron* a questão inicial é "Qual é a propriedade em virtude da qual as coisas (em particular os tipos de ação) são piedosas?". Quando Êutifron sugere (6e-7a) que é a propriedade de ser aprovado pelos deuses (o que é muito próximo de uma elucidação da concepção comum grega de *to hosion*), Sócrates extrai dele a afirmação de que os deuses aprovam as coisas piedosas *porque são piedosas* (10d). Isso exclui a possibilidade de que a piedade seja a propriedade de ser aprovado pelos deuses e aponta o restante da discussão na direção da busca pelo tipo de conduta que atrai a aprovação dos deuses. Aqui também podemos dizer que Sócrates está tateando na direção de uma explicação substantiva da piedade, visto que a resposta teria de ser dada em termos de uma teoria da natureza humana e sua relação com o divino, mas o diálogo fornece apenas pistas quanto à forma detalhada dessa teoria. A situação no *Cármides* é ainda menos bem definida, em parte porque a virtude em discussão, *sōphorosunē* (convencionalmente traduzida como "autocontrole" ou "temperança", mas às vezes melhor vertida como "sanidade mental"), encontra-se francamente indefinida entre um estilo de comportamento e o estado mental e motivacional que o dirige. Por isso, as diversas sugestões de que é algum tipo de conhecimento são mais difíceis de classificar como elucidações conceituais ou explicações substantivas do que as definições sugeridas em *Laques, Mênon* e *Protágoras*.

## Ética

A busca por definições, portanto, é a busca pelo conhecimento especializado ou rigoroso, e o dono desse conhecimento possui uma teoria sobre o tema de tal conhecimento rigoroso, uma compreensão de sua natureza que fornece respostas para novas questões, tanto teóricas quanto práticas, sobre ele. Nos diálogos discutidos na seção anterior, vemos Sócrates procurando por uma teoria desse tipo aplicada à bondade humana, em alguns casos uma teoria de um dos componentes da bondade, isto é, uma virtude específica (piedade em *Êutifron*, coragem em *Laques* e autocontrole em *Cármides*), em outros (*Mênon*, *Protágoras*), uma teoria da bondade como um todo. Em todos esses a busca é, ao menos aparentemente, malsucedida, já que cada diálogo termina com o reconhecimento da parte de Sócrates e de seus interlocutores de que não chegaram à explicação que estavam procurando da bondade ou de suas partes. Mas é possível perceber algumas diferenças. Nos três diálogos que lidam com virtudes específicas, a discussão é mais experimental, Sócrates não é prontamente identificado com qualquer opinião positiva, e é ao menos plausível aceitar o impasse final sem maiores análises. No *Mênon* e no *Protágoras*, por outro lado, Sócrates argumenta com firmeza em favor da tese de que virtude é conhecimento, e é plausível pensar que as conclusões aparentemente aporéticas dos diálogos não demonstram uma retratação de sua fidelidade àquela tese. Nesses diálogos, me parece, Platão não mostra Sócrates como possuidor de uma teoria da bondade inteiramente desenvolvida, a qual é seu objetivo, mas ao menos como tendo uma compreensão de sua forma geral. Existe, portanto, mesmo nos diálogos de definição, um desenvolvimento no retrato de Sócrates, desde o investigador puramente crítico, até o proponente de teorias (embora não um perito no sentido pleno). Se esse desenvolvimento corresponde à percepção que Platão tinha do Sócrates histórico, ou se é o primeiro estágio de um desenvolvimento que parte dessa percepção em direção a uma representação que contém mais de suas próprias opiniões, é uma questão em aberto.

A base da teoria é a combinação da concepção da bondade como aquele atributo que garante o sucesso global na vida com a tese substantiva de que o que realmente garante esse sucesso é o conhecimento do que é melhor para o agente. Isso, por sua vez, baseia-se em uma única teoria abrangente da motivação humana, isto é, de que a concepção do agente do que é, no geral, melhor para ele ou ela (i.e., o que melhor fomenta a *eudaimonia*, sucesso global na vida) é suficiente para motivar a ação com vistas à sua própria realização. Essa motivação envolve o desejo, assim como a crença; Sócrates afirma (*Mênon*, 77c, 78b) que todas as pessoas desejam coisas boas, o que no contexto deve ser interpretado como a tese forte de que o desejo de bem é uma motivação permanente, que precisa ser focado em uma ou outra direção, por meio de uma concepção geral do que seja o bem. Dado esse foco, o desejo toma a direção do alvo, o qual é escolhido pela concepção, sem a possibilidade de interferência de desejos conflitantes. Por consequência, tudo o que é necessário para a conduta correta é o foco correto, que tem de ser uma concepção correta do bem global do agente.

Nessa teoria, a motivação é uniforme e funciona uniformemente em interesse próprio; todos os agentes aspiram ao que consideram ser o melhor para eles, e o insucesso na realização da aspiração tem de ser explicado pelo insucesso em compreendê-la adequadamente, isto é, por um defeito cognitivo, e não por qualquer defeito na motivação. Sócrates explica isso claramente no *Protágoras*, com base na suposição, que ele atribui às pessoas em geral, de que o interesse global do agente deve ser definido em termos hedonistas, como a vida que proporciona o melhor equilíbrio possível entre prazer e sofrimento. Dada essa suposição, é absurdo explicar fazer o mal por sentir-se tomado de prazer ou por qualquer tipo de desejo; deve-se simplesmente ter cometido um erro no cálculo do que causaria o prazer máximo. Como diz Sócrates (358d), "Não é da natureza humana estar preparado para buscar o que se considera ruim em detrimento do que é bom". Há um desacordo considerável entre os críticos sobre se Sócrates é representado como aceitando ele mesmo a suposição hedonista ou simplesmente admitindo-a *ad hominem* para mostrar que Protágoras não tem outra opinião que não a da maioria; mas não há dúvida de que, independentemente dessa questão, a visão de que a concepção que o agente tem do bem é o único centro de motivação (defendida também no *Mênon*) é do próprio Sócrates. Essa explicação da bondade como conhecimento, assim, resulta diretamente em uma das afirmações pela qual Sócrates era notório na antiguidade, a negação da possibilidade de ação contra o que o agente perceber ser bom para ele (*akrasia*); nas palavras de Aristóteles (*Ética a Nicômaco* 1145$^{b}$26-7) Sócrates costumava afirmar que "ninguém age contrariamente ao que é melhor acreditando fazê-lo, mas por meio de erro", uma tese expressa mais concisamente no lema: "Ninguém faz o mal intencionalmente" (*oudeis hekōn hamartanei* (*Protágoras* 345e)).

Até aqui, a teoria identifica a bondade com o atributo que garante o sucesso global na vida e identifica esse atributo, por meio da teoria motivacional descrita logo acima, com o conhecimento do que é melhor para o agente. Mas essa teoria não tem conteúdo moral: nada nela mostra ou sequer sugere que o que é melhor para o agente é viver uma vida moralmente boa, como definida pela prática das virtudes tradicionais, incluindo a justiça, com suas implicações de respeito pelos outros, e o autocontrole, com suas implicações de sacrifício da satisfação dos próprios desejos. Mas, se há algo característico de Sócrates, é sua insistência na supremacia da moralidade. Nós vimos que na *Apologia* ele diz saber que, aconteça o que acontecer, não deve agir mal, desobedecendo a ordem divina de filosofar; e, no *Críton*, a tese fundamental de que nunca se deve agir mal (ou "cometer injustiça" (*adikein*)) é o princípio determinante de sua decisão de não tentar fugir da prisão (49a-b). A ligação com a tese motivacional é estabelecida pela tese de que a melhor vida para o agente é uma vida vivida de acordo com as exigências da moralidade. Dada essa tese, o lema de que ninguém age mal intencionalmente assume a dimensão moral de que "ninguém age mal (ou "age injustamente") intencionalmente, mas todos que agem mal o fazem involuntariamente" (ou "sem intenção") (*Górgias* 509e), a versão moral completa do que veio a ser conhecido como o "paradoxo socrático".

A tese de que a vida moral é a melhor vida para o agente tem, portanto, o papel central de ligar as intuições de Sócrates sobre a supremacia da moralidade com a teoria da motivação uniforme em interesse próprio, que é a base da identificação da bondade com o conhecimento. Essa é a chave de abóbada. Dada essa centralidade, é surpreendente a pouca quantidade de apoio argumentativo que recebe. Em *Críton* 47e, a justiça e a injustiça são descritas, respectivamente, como a saúde e a doença da alma; por consequência, assim como não vale a pena viver com um corpo doente e corrompido, também não vale a pena viver com uma alma doente e corrompida. Mas isso não é um argumento. Embora seja verdade que a saúde é um estado intrinsecamente desejável, e a doença, intrinsecamente indesejável, as afirmações centrais de que a justiça é a saúde da alma, e a injustiça, sua doença, requerem defesa, e não mera asserção.

Platão fornece alguns argumentos no *Górgias*, mas são fracos. Contra Polo, Sócrates argumenta que os tiranos bem-sucedidos, os quais, concorda-se, manifestam os extremos da injustiça, não obtêm a melhor vida para si mesmos, como Polo afirma. Pelo contrário, eles *nunca* conseguem o que realmente querem, pois o que querem é fazer o bem para si mesmos, ao passo que a injustiça que cometem é ruim para eles. A prova de que é ruim para eles (473e-475c) parte da admissão de Polo de que agir injustamente, embora seja bom (*agathon*) para o agente, é vergonhoso (*aischron*). Sócrates então consegue a concordância quanto ao princípio de que tudo que é vergonhoso o é por ser desagradável, ou por ser prejudicial. Agir de forma injusta obviamente não é desagradável; portanto, de acordo com as premissas acima, deve ser prejudicial. Assim, uma vida de injustiça é ruim para o agente. Dos muitos defeitos desse argumento, o crucial é seu esquecimento da relatividade dos conceitos. Para que seja aceitável, a primeira premissa deve ser interpretada como "Tudo que é vergonhoso para qualquer pessoa o é ou por ser desagradável para alguém, ou por ser prejudicial para alguém". Dada essa premissa, obviamente não se segue que, porque a injustiça não é desagradável para a pessoa injusta, deve ser prejudicial a ela; poderia ser prejudicial para outra pessoa, e isso poderia ser o motivo de ser vergonhoso para a pessoa injusta. (De fato, um dos principais motivos de pensarmos que a injustiça é vergonhosa para quem a comete é que é normalmente nociva para outra pessoa.) Mais adiante no diálogo (503e-504d), Sócrates argumenta, contradizendo Cálicles, que já que a virtude de qualquer coisa (por exemplo, um barco ou uma casa) depende da proporção e da ordem adequadas de seus componentes, a bondade tanto do corpo quanto da alma deve depender da proporção e da ordem adequadas de seus componentes, respectivamente a saúde para o corpo e a justiça e o autocontrole para a alma. O paralelo entre saúde corporal e virtude, que foi apenas afirmado no *Críton*, é aqui corroborado pelo princípio geral de que a bondade depende da organização dos componentes, mas esse princípio é insuficiente para definir um paralelo. Pois a organização adequada dos componentes é, ela mesma, determinada pela função do tipo de coisa em questão; é considerando que a função de um barco é transportar seus ocupantes de modo seguro e cômodo pela água que definimos se as suas partes estão bem ou mal reunidas. Então, de modo a saber qual arranjo de componentes psicológicos, como intelecto e desejos corporais, é o ideal, precisamos primeiramente saber quais devem ser os nossos objetivos na vida. Uma concepção desses objetivos pode de fato identificar a organização ideal como aquela definida pelas virtudes convencionais, mas outras, por exemplo a de Don Juan ou a de Gauguin, podem identificar como ideal uma organização inteiramente diferente, como uma que confira a máxima liberdade a certos tipos de expressão da própria personalidade.

A doutrina de que a virtude é conhecimento é a chave para compreender a chamada tese da unidade das virtudes, defendida por Sócrates no *Protágoras*. Nesse diálogo, Protágoras adota uma visão das virtudes como um conjunto de atributos distintos uns dos outros, como, por exemplo, os diferentes sentidos corporais. Um ser humano, para funcionar adequadamente, tem de ter todas as virtudes em perfeitas condições, mas é possível ter algumas e ao mesmo tempo carecer de outras; especialmente, é possível possuir uma coragem notável e ser inteiramente deficiente em todas as outras virtudes (329d-e). Sócrates sugere que, pelo contrário, os nomes de cada virtude, coragem, autocontrole etc., são todos "nomes de uma coisa só" (329c-d), e posteriormente no diálogo deixa claro como isso deve ser compreendido, afirmando (361b) que ele vem "tentando mostrar que todas as coisas, justiça, autocontrole e coragem, são conhecimento". O sentido no qual cada uma das virtudes é conhecimento é que, dada a teoria motivacional esboçada acima, o conhecimento do que é melhor para o agente é necessário e suficiente para garantir a conduta correta em qualquer aspecto da vida a que o conhecimento se aplique. Não devemos pensar nas virtudes específicas como diferentes espécies de um conhecimento genérico; no modelo de Protágoras, a piedade é conhecimento dos assuntos religiosos, e a coragem é conhecimento do que é perigoso, e os dois são diferentes como, por exemplo, o conhecimento da aritmética e o conhecimento da geometria, que são espécies distintas de conhecimento matemático, admitindo a possibilidade de que se possa ter um sem o outro. A ideia socrática é que há um único conhecimento integrado, o conhecimento do que é melhor para o agente, que é aplicado em diferentes áreas da vida, e ao qual diferentes nomes são aplicados, em referência às diferentes áreas. Assim, a coragem é a virtude que sempre origina condutas apropriadas em situações de perigo, a piedade, a virtude que sempre origina condutas apropriadas em relação aos deuses etc., e a virtude em questão é a mesma em todos os casos, isto é, a compreensão que o agente tem do que é bom para ele ou ela.

Já objetou-se* que esse modelo integrado é inconsistente com a afirmação de Sócrates, no *Laques* e no *Mênon*, de que as virtudes individuais são partes da virtude total. No *Laques*, realmente, a definição proposta de coragem como conhecimento do que é temível e do que não é (194e-195a) é rejeitada porque, nesses termos, a coragem seria apenas o conhecimento do que é bom e mau. Mas então a coragem seria idêntica à virtude como um todo, enquanto a coragem *ex hypothesi* não é o todo, mas uma parte da virtude (198a-199e). Dada a natureza aporética do diálogo, não fica claro se, na época em que o escreveu, o próprio Platão acreditava que a definição de coragem era incompatível com a tese de que a coragem é uma parte da virtude e, caso sim, se ele tinha uma visão clara sobre qual devia ser preterida. É perfeitamente concebível que ele próprio acreditasse que não eram incompatíveis, e que o leitor esteja sendo desafiado a ver que a rejeição da definição não é realmente necessária. O que está claro é que a ideia das partes da virtude pode ser interpretada de maneira simples, compatível com o modelo integrado. Esta é simplesmente que a virtude total se aplica à vida como um todo, enquanto "coragem", "piedade" etc. designam essa virtude, não em relação à sua aplicação total, mas em relação à sua aplicação a uma área restrita. Da mesma forma, a navegação costeira e a navegação de alto-mar não são duas ciências, mas uma única ciência aplicada a diferentes situações. Porém, elas podem ser enumeradas

* A objeção é levantada por G. Vlastos em "Socrates on 'The Parts of Virtue'", em seus *Platonic Studies* (2ª ed. Princeton, NJ, 1981).

como partes da navegação, uma vez que a competência na navegação requer o domínio de ambas.*

A teoria de que virtude é conhecimento, como vimos, é imperfeita, visto que uma de suas proposições centrais, a de que a virtude é sempre em interesse próprio do agente, não é adequadamente substanciada em nenhuma parte dos diálogos socráticos. Há também uma imperfeição mais profunda, pois é incoerente. A incoerência emerge quando perguntamos "A virtude é conhecimento de quê?". A resposta sugerida em *Mênon* e *Protágoras* é que a virtude é o conhecimento do bem do agente, visto que, dada a motivação permanente de se obter o próprio bem, o conhecimento do que é esse bem será necessário para buscá-lo com segurança, e suficiente para garantir que a busca seja bem-sucedida. Mas isso requer que o bem do agente seja algo distinto do conhecimento que garante que esse bem será obtido. "A virtude é o conhecimento do bem do agente" é análogo a "A medicina é o conhecimento da saúde". Dada essa analogia, o valor da virtude, o conhecimento que garante a obtenção do bem, será puramente instrumental, como é o valor da medicina, e derivado do valor intrínseco daquilo que garante, isto é, o sucesso na vida (*eudaimonia*). Mas Sócrates, como vimos, considera a virtude intrinsecamente, e não apenas instrumentalmente, valiosa, e a trata de forma explícita como análoga, não à medicina, mas à própria saúde. A virtude é, então, não um meio para uma condição de vida independentemente especificável que podemos identificar como *eudaimonia*; em vez disso, é um componente dela (de fato, uma das questões mais capciosas da ética socrática é se

* O exemplo é tomado de T. C. Brickhouse e N. D. Smith. *Plato's Socrates* (Nova York e Oxford, 1994), 69-71.

Sócrates admite qualquer outro componente). Então, longe de ser a virtude um objetivo valioso por ser um meio para uma vida plenamente compensadora (por exemplo, uma vida de felicidade), a ordem de explicação é revertida, já que a vida vale a pena única ou no mínimo essencialmente em virtude do fato de ser uma vida virtuosa.

A incoerência da teoria consiste, portanto, no fato de que Sócrates afirma que a virtude é o conhecimento do que é o bem do agente, e também que é o próprio bem do agente, dado que essas duas teses são inconsistentes uma com a outra. Poderia, é claro, ser o caso de que a virtude é o conhecimento do que é o bem do agente, e que o conhecimento é o bem do agente, mas nesse caso o conhecimento *que é* o bem do agente tem de ser um item ou corpo de conhecimentos distinto do conhecimento *do que é* o bem do agente. Caso contrário, nós temos uma situação em que o conhecimento *do que é* o bem do agente é o conhecimento de que o bem do agente é o conhecimento do que é o bem do agente, e de que esse conhecimento (isto é, o conhecimento *do que é* o bem do agente) é, por sua vez, o conhecimento de que o bem do agente é o conhecimento *do que é* o bem do agente, e assim por diante, *ad infinitum*. Então, se Sócrates deseja sustentar a afirmação de que virtude é conhecimento, ele deve especificar esse conhecimento como conhecimento de alguma outra coisa que não *do que é* o bem do agente, ou deve desistir da tese de que a virtude é o bem do agente.

Platão mostra Sócrates atacando esse problema no *Eutidemo*. O diálogo apresenta um confronto entre duas concepções da filosofia, representadas respectivamente por Sócrates e por uma dupla de sofistas, os irmãos Eutidemo e Dionisodoro. Estes demonstram sua concepção executando uma exibição estonteante das técnicas de argumentação falaciosa que os permitem "combater, em discussões, e refutar qualquer coisa que alguém diga, seja ela verdadeira ou falsa" (272a-b). De sua parte, Sócrates procura argumentar em favor do papel central da sabedoria para a realização da *eudaimonia*. A primeira parte de sua argumentação (278e--281e) é, em essência, a mesma usada em *Mênon* 87d-89a para comprovar que virtude é conhecimento; conhecimento ou sabedoria (os termos são intercambiáveis) é a única coisa incondicionalmente boa, já que todos os outros bens, quer sejam bens de fortuna ou traços de caráter desejáveis, são bons para o agente apenas se utilizados adequadamente, e eles são usados adequadamente apenas quando dirigidos pela sabedoria. Até aqui, Sócrates reproduz a posição defendida em *Mênon*, mas, na segunda parte de sua argumentação (288d-292e), ele vai além. Ali, ele observa que o argumento anterior demonstrou que a habilidade que assegura o bem global do agente é uma que coordena a produção e o uso de todos os bens subordinados, incluindo os produtos de todas as outras habilidades. É, portanto, uma habilidade diretiva ou reguladora, que é adequadamente chamada de arte política ou régia (*basilikē*). Mas qual é o objetivo da arte régia? Não é fornecer bens para as pessoas, como riqueza ou liberdade, pois o argumento anterior demonstrou que essas coisas são boas apenas com a condição de que sejam dirigidas pela sabedoria. Então, o objetivo da arte régia só pode ser tornar as pessoas sábias. Mas sábias em quê? Não sábias (= hábeis) na fabricação de calçados ou na construção, pelo mesmo motivo de que essas habilidades são boas somente se dirigidas pela habilidade suprema. O objetivo da arte régia não pode, por consequência, ser nenhum outro que não tornar as pessoas hábeis na própria arte régia. Mas, como Sócrates admite (292d-e), isso não esclarece nada, já que não temos qualquer conceito do que seja a arte régia.

Sócrates não resolve o enigma, e pode muito bem ser que, naquele momento, Platão não divisasse uma solução. O que esse diálogo de fato mostra é que Platão tornara-se consciente da incoerência do sistema da ética socrática, cujos dois preceitos centrais são que virtude é conhecimento (isto é, do bem humano) e que a virtude é o bem humano. Se o bem humano identifica-se tanto com o conhecimento quanto com a virtude, então esse conhecimento deve ter algum objeto que não ele mesmo. A solução final de Platão foi desenvolver (na *República*) uma concepção do bem humano como consistindo de um estado de personalidade no qual os impulsos não racionais são dirigidos pelo intelecto informado pelo conhecimento, não do bem humano, mas do próprio Bem, um princípio universal de racionalidade. Nessa concepção (I) o bem humano é a virtude, (II) a virtude não é idêntica ao conhecimento, mas dirigida por ele, e (III) o conhecimento em questão é conhecimento do bem universal. É altamente plausível ver o *Eutidemo* como um indicador da transição entre a posição socrática expressa mais explicitamente no *Mênon* e a posição desenvolvida por Platão.

O *Protágoras* pode ser visto como uma investigação de outra solução para esse enigma, visto que, nesse diálogo, Sócrates expõe uma descrição da bondade cujas teses centrais são: (I) virtude é conhecimento do bem humano (como no *Mênon*); (II) o bem humano é uma vida agradável no todo. O significado disso independe de se Sócrates é representado adotando pessoalmente essa solução, ou meramente propondo-a como uma teoria que as pessoas comuns e Protágoras provavelmente aceitam. De qualquer maneira, representa uma solução do impasse que bloqueia a forma original da teoria socrática, embora diferente do caminho que o próprio Platão tomaria. Tendo experimentado com essa teoria, que conserva a identidade da virtude com o conhecimento ao mesmo tempo em que abandona a identidade da virtude com o bem humano, ele resolveu-se pela alternativa descrita acima, que conserva a segunda identidade e rejeita a primeira.

## Sócrates e os sofistas

O confronto entre Sócrates e os sofistas é um elemento básico do projeto apologético de Platão. Sócrates, como vimos, havia sido marcado pela pecha de sofista, e era portanto essencial à defesa de sua memória mostrar como era imensa a distância entre a sua atividade e a dos sofistas. Visto que Sócrates representa, no retrato de Platão, o filósofo ideal, o confronto também pode ser visto mais abstratamente como um embate entre a filosofia autêntica e seu simulacro.

Platão retrata Sócrates em confronto com os sofistas e seus discípulos nos três diálogos mais longos e de maior complexidade dramática do grupo que estamos examinando: *Górgias, Protágoras* e *Eutidemo*. Tratarei desses diálogos em conjunto com o livro 1 da *República*, que originalmente talvez tenha sido um diálogo separado; mesmo que não seja esse o caso, ele certamente faz lembrar o estilo aporético e elêntico dos diálogos mais antigos, embora existam semelhanças óbvias entre as posições de Cálicles, no

*Górgias*, e Trasímaco, no livro 1 da *República*. Assim como nesses grandes diálogos dramáticos, Sócrates é mostrado em uma discussão direta com um sofista nos dois diálogos que levam o título de *Hípias*.

A palavra grega *sophistēs* (formada a partir do adjetivo *shophos* "sábio" ou "erudito") originalmente significava "perito" ou "sábio"; assim, os famosos Sete Sábios eram chamados de "Sete *Sophistai*". No século V, passou a ser aplicada particularmente à nova classe de intelectuais itinerantes, como Protágoras e Hípias, que vemos retratados nos diálogos socráticos. Vimos antes que os sofistas eram considerados, em algumas regiões, subversivos perigosos, que destruíam a religião e a moralidade convencionais com uma combinação de ciência naturalista e truques argumentativos. Platão apresenta um retrato muito mais nuançado. Há realmente elementos de subversão, visto que tanto Cálicles quanto Trasímaco realizam poderosos ataques à moralidade convencional. Quanto aos truques argumentativos, Eutidemo e Dionisodoro se mostram descarados nos ardis deliberados que impingem aos seus oponentes. Mas Platão está longe de apresentar os sofistas como uma classe de subversivos morais ou de charlatães argumentativos, muito menos como as duas coisas. No *Protágoras*, o sofista que dá nome ao diálogo exibe seus próprios ensinamentos sobre a arte da vida não como uma crítica à moralidade social convencional, mas como ligados a ela, já que ele toma como ponto de partida o ponto final da educação tradicional. Ele defende a moralidade tradicional e, em particular, o papel central que esta atribui às virtudes sociais básicas da justiça e do autocontrole, usando uma anedota criada para demonstrar como estas são um desenvolvimento natural, determinado pela necessidade da cooperação social, se os humanos desejam sobreviver em um mundo hostil. Ele argumenta sensatamente, e em algumas ocasiões de forma eficaz, em favor de suas opiniões. Curiosamente, nem sua reivindicação de transformar o argumento mais fraco no mais forte nem seu agnosticismo quanto à existência e à natureza dos deuses recebem qualquer menção nesse retrato. De Pródico, que também aparece no *Protágoras* e é mencionado com bastante frequência em outros diálogos platônicos, diz-se que deu explicações naturalistas sobre a origem da religião, e era também descrito como ateu por alguns escritores antigos, mas nada disso é mencionado por Platão, cujo interesse básico é troçar de seu pendor por requintadas distinções verbais. Hípias é apresentado, tanto no *Protágoras* quanto nos dois *Hípias* como um polímata, cujos interesses vão desde ciência e astronomia até história, crítica literária e mnemônica. No *Hípias Maior*, ele mal consegue acompanhar a discussão, e não há sugestão, em nenhum desses diálogos, de opiniões radicais sobre qualquer assunto. Górgias começa afirmando que a retórica, sua especialidade, é uma disciplina que não lida com valores (455a), mas é encurralado por Sócrates e obrigado a reconhecer que um bom orador deve saber o que é justo e o que é injusto, e que, se seus pupilos ainda não souberem fazer essa distinção, aprenderão com ele (460a). Nada indica quais sejam suas opiniões substantivas sobre a justiça e a injustiça; especificamente, não há sugestão no diálogo de que Cálicles aprendeu seu imoralismo com Górgias. Seria mais condizente com o significado óbvio da posição real de Górgias que a possível influência dele sobre Cálicles tenha se limitado à força retórica que ele manifesta em grande abundância ao expressar suas opiniões atrozes. Aos olhos de Platão, essa influência não foi menos perigosa do que uma doutrinação aberta e positiva.

Vale a pena observar que a apresentação que Platão faz das personalidades dos sofistas é tão nuançada quanto o seu tratamento das doutrinas destes. Eles no mínimo não são retratados com um tom de hostilidade uniforme. Trasímaco, de fato, é uma figura inteiramente detestável – arrogante, rude e agressivo (ele chega a dizer a Sócrates que mande sua enfermeira limpar seu nariz e sua baba (343a)) – e Hípias é um idiota culto e presunçoso, mas os outros são tratados com maior benevolência. O charlatanismo dos irmãos em *Eutidemo* é tão óbvio que quase inspira afeição, enquanto Pródico é uma figura divertida e inofensiva. Protágoras, por outro lado, é uma figura muito mais considerável: ele certamente é pomposo e arrogante, e fica irritado ao perder uma discussão, mas rapidamente recupera a compostura e conclui com um elogio generoso, mesmo que um pouco condescendente, a Sócrates. Mais significativamente, Platão o apresenta como alguém que deve ser levado intelectualmente a sério. O discurso que apresenta sua defesa da moralidade social e seu papel como educador tem substância intelectual, e até o argumento conclusivo ele sustenta firme o debate com Sócrates. Quando acrescentamos a isso a longa crítica de suas doutrinas no *Teeteto* (algo sem paralelo nos casos de todos os outros sofistas), fica claro que Platão o levava realmente muito a sério.

O Sócrates de Platão não se interessa pela heterodoxia religiosa dos sofistas. (Mais tarde, no livro 10 de *As leis*, Platão argumenta vigorosamente que o ateísmo leva à imoralidade e recomenda meios institucionais para suprimi-lo – incluindo a pena de morte para os que nele persistirem –, mas essa é uma postura estranha ao Sócrates platônico.) Ele enfrenta um sério desafio de uma tendência do pensamento moral sofístico, representada por Trasímaco, ele mesmo um sofista, e Cálicles, um discípulo de Górgias. A base dessas ideias, explícita em Cálicles, implícita em Trasímaco, é a dicotomia entre o que é natural e o que é meramente convencional. Ambos têm uma visão egoísta da natureza humana, afirmando que, em comum com os outros animais, os humanos têm uma tendência natural de procurar a satisfação máxima dos próprios desejos; disso, eles concluem que, para o indivíduo, o sucesso na vida (*eudaimonia*) consiste em dar total liberdade a essa tendência. Eles veem a lei e a moralidade como dispositivos convencionais para limitar essa tendência natural, com a finalidade de promover o bem dos outros; o efeito que têm é forçar as pessoas a sacrificar sua própria *eudaimonia* em favor da de outros. Mas visto que todos têm mais motivos para preferir a própria *eudaimonia* à dos outros, o caminho racional para todos é livrar-se das algemas da lei e da moralidade. (Cálicles vai além e afirma que isso não é simplesmente racional, mas na realidade correto ou justo (*phusei dikaion*), já que o indivíduo que é forte o suficiente para explorar os outros tem por isso o direito de fazê-lo, e é injustiçado por leis ou convenções que tentem impedi-lo.)

A teoria moral esboçada no capítulo anterior apresentou uma resposta a esse desafio, embora uma resposta débil, já que a ligação crucial entre a moralidade e o bem do agente não foi demonstrada. Mas além desse desafio radical à moralidade convencional, a tradição sofística forneceu um argumento em apoio a ela, e com isso uma resposta ao desafio, na forma da teoria da origem social da moralidade,

como Hipócrates, que em torno dele se reúnem na esperança de aprender a bondade, não estão apenas desperdiçando seu tempo e seu dinheiro, mas estão correndo o risco do dano positivo de adquirir uma ideia incorreta da bondade e, portanto, uma concepção errada do objetivo correto para suas vidas (312b-314b).

Os sofistas, então, são perigosos, mas não da maneira como os retratam as caricaturas populares. Eles são uma ameaça, não essencialmente porque advogam o ateísmo ou a imoralidade (embora alguns sofistas de fato encorajassem um ou outro), mas porque se definem como peritos na mais importante das questões, "Como se deve viver?", sem na verdade possuir o conhecimento necessário. Esse é o tema recorrente dos confrontos de Sócrates com os sofistas. Protágoras afirma ensinar às pessoas como adquirir a bondade, mas prova não ter entendimento do que a bondade é. Eutidemo e Dionisodoro afirmam precisamente a mesma coisa (275a), mas na verdade tudo o que têm a ensinar são truques verbais. (O Protágoras de Platão faz sua afirmação com evidente boa-fé, mas dificilmente pode-se dizer o mesmo dos irmãos. A questão não tem importância; acredite ou não o sofista em sua reivindicação, o importante é que ela é infundada.) Hípias afirma possuir um conhecimento especializado universal, inclusive sobre a natureza do excelente ou do belo, um aspecto da bondade, mas essa afirmação prova-se vazia como a dos outros. Sócrates, ao contrário, normalmente não afirma ter conhecimento especializado. O que ele representa é a verdadeira concepção do dever da filosofia, que é buscar o conhecimento autêntico sobre a arte da vida. Esse conhecimento é a posse da verdadeira descrição da bondade e, portanto, da verdadeira descrição do objetivo adequado da vida.

Essa concepção da filosofia é enfatizada no *Górgias* através do contraste com a retórica. A arte da vida (*politikē*) procura o bem, para o que é necessário o conhecimento do que é o bem, enquanto a retórica almeja apenas satisfazer os desejos das pessoas que não têm conhecimento de se a satisfação de tais desejos é boa ou não. Por consequência, o verdadeiro perito na arte da vida é o filósofo, representado por Sócrates, que aqui, excepcionalmente, alega possuir conhecimento especializado. Se, em vez de serem guiadas pela filosofia, as vidas das pessoas são governadas pela retórica, o resultado é a substituição da busca do bem pela busca do prazer, uma situação que pode levar ao caos moral, representado por Cálicles, para quem o bem é a busca indiscriminada de todos os prazeres. Górgias, ao que parece, não afirma ensinar a bondade, ao contrário dos sofistas; o diálogo é, então, ao contrário dos outros que discutimos, uma crítica não de uma reivindicação infundada de conhecimento especializado, mas da prática equivocada (típica, na opinião de Platão, da democracia ateniense) de atribuir à técnica de persuasão o papel que de direito cabe à investigação filosófica, o de identificar os valores fundamentais.

# Capítulo 5

# Sócrates e a filosofia subsequente

## Filosofia antiga

De acordo com a perspectiva moderna, o legado mais importante de Sócrates, sem dúvida, foi sua influência sobre Platão. Mas vimos que Platão foi um de uma série de discípulos que escreveu sobre o mestre na geração que se seguiu imediatamente à sua morte, e que foi influenciada por ele de uma maneira ou de outra. Nesta seção farei um breve apanhado das principais maneiras pelas quais a influência de Sócrates foi transmitida às gerações posteriores, por associação pessoal e através dos escritos de Platão e de outros.

Podemos começar com dois amigos pessoais de Sócrates, Antístenes e Aristipo. Diz-se que Antístenes fora inicialmente pupilo de Górgias e que transferiu sua lealdade para Sócrates. Ao que parece, foi um sofista no estilo tradicional e escreveu sobre uma ampla variedade de assuntos, muitos dos quais bem distantes dos interesses de Sócrates, que concentravam-se na ética. Seu interesse pela natureza da linguagem e sua relação com a realidade, e particularmente sua negação da possibilidade da contradição, o ligam mais aos oponentes sofísticos de Sócrates, em especial Pródico e Protágoras, os quais, segundo se diz, defendiam essa tese. Ele, assim, parece uma figura eclética, em quem a influência especificamente socrática é manifestada em sua aderência a algumas das doutrinas éticas de Sócrates e em seu estilo de vida austero. Ele afirmava que a bondade pode ser ensinada e que é suficiente para a felicidade, adicionando a cláusula significativa – "exigindo nada mais do que força socrática" (Diógenes Laércio, 6.10-11). A cláusula sugere uma separação da negação socrática da possibilidade de *akrasia* (ação contra o que o agente percebe como melhor para si); o conhecimento do bem do agente, por si só, não garante a busca dele, como Sócrates afirmara; além disso, o agente deve adquirir força suficiente para aderir ao que seu discernimento diz ser o melhor, o que requer que esse discernimento seja defendido contra a erosão que os desejos contraditórios poderiam causar. (Platão indica uma modificação semelhante em *República* 429c, onde define a coragem como "retenção, em meio aos prazeres e desejos e medos, das crenças inculcadas pelas leis e pela educação sobre o que é temível e o que não é".) A força socrática seria fomentada por uma vida de austeridade física, com a abstenção de todos os prazeres, exceto aqueles apropriados a tal vida. Assim, parece que esse aspecto do estilo de vida de Sócrates influiu tanto sobre Antístenes quanto suas doutrinas. Posteriormente, a austeridade extrema tornou-se a marca registrada dos cínicos, que a combinaram com a rejeição das convenções sociais normais, como uma expressão de seu preceito central, de que o bem era a vida em conformidade com a natureza. Mais tarde afirmou-se que Antístenes foi o fundador da seita dos cínicos. Em vez de qualquer influência doutrinal ou organizacional, das quais não há evidência, isso reflete a tradição da transmissão do estilo de vida socrático, como Diógenes Laércio relata explicitamente (6.2): Antístenes, ele diz, "pegando dele sua resistência [isto é, de Sócrates] e imitando sua resistência às emoções, tornou-se o fundador do cinismo".

Aristipo, nativo de Cirene, na África do Norte, foi atraído a Atenas pela reputação de Sócrates. Também ele escreveu sobre uma série de temas, incluindo ética, teoria da linguagem, e história e diz-se ter sido o primeiro dos discípulos de Sócrates a seguir a prática dos sofistas de cobrar por seus ensinamentos. Supostamente, foi o fundador da escola cirenaica, influente nos séculos IV e III a.C., mas já que todas as informações que temos sobre a doutrina cirenaica datam de depois da fundação da escola, não há indícios seguros de se qualquer de suas doutrinas era defendida pelo próprio Aristipo. Os preceitos principais da escola eram a

**Figura 8. Detalhe da *Escola de Atenas* (1508-1511), de Rafael, que retrata os pensadores mais famosos da Grécia Antiga. Platão e Aristóteles estão no centro, com Sócrates à esquerda deles, discursando para um grupo de circunstantes.**

doutrina ética de que o prazer sensorial do momento presente é o bem supremo, e a doutrina epistemológica de que as únicas coisas que podem ser conhecidas são as impressões presentes dos sentidos. Esses preceitos são conectados pelas implicações céticas do segundo. De acordo com essa doutrina, o passado e o futuro são igualmente inacessíveis; portanto, o único objetivo racional é alguma característica da experiência presente. A afirmação de que o prazer é esse atributo foi apoiada pelo argumento de que todas as coisas vivas buscam o prazer e fogem da dor. Os cirenaicos foram os únicos entre os filósofos gregos a rejeitar o juízo de que a *eudaimonia* é o bem supremo, baseando-se nesse argumento cético; a *eudaimonia* envolve uma avaliação da vida como um todo, mas tal avaliação é impossível, dada a incognoscibilidade de qualquer coisa que não seja o momento presente. Portanto, o objetivo da pessoa sábia deveria ser não a *eudaimonia*, mas o prazer do momento.

É difícil ver elementos de influência socrática nessas doutrinas. A doutrina de que o bem supremo é o prazer do momento está mais próxima das ideias de Cálicles do que das de Sócrates e, embora alguns céticos mais tarde creditassem Sócrates como seu predecessor, isso não se baseou na tese de que as únicas coisas cognoscíveis são as impressões presentes dos sentidos, que é uma versão da opinião de Protágoras criticada no *Teeteto*. Por outro lado, algumas evidências das ideias de Aristipo, preservadas por Eusébio, sugerem algo mais próximo a ideias reconhecivelmente socráticas. De acordo com Eusébio, ele ensinava que o prazer deve ser buscado, não incondicionalmente, mas com a condição de que não ponha em risco o autocontrole, o qual resulta da educação, do autoconhecimento, dos estudos e da resistência (*karteria*), a mesma palavra que era o termo básico da moralidade ascética de Antístenes. É, então, plausível sugerir que a doutrina de que o prazer do momento é o bem supremo representa uma posição desenvolvida pela escola depois da época do próprio Aristipo, quando a influência das doutrinas céticas havia-se tornado mais difundida.

A maioria das evidências biográficas sobre Aristipo diz respeito ao seu estilo de vida opulento, e ele aparece assim nos *Memoráveis* de Xenofonte, em que Sócrates o adverte, contando-lhe a fábula de Pródico sobre a Escolha de Héracles (2.1). A moral dessa fábula, francamente antisteniana, é de que uma vida de simplicidade e trabalho árduo traz mais prazer a longo prazo do que uma vida de opulência. O apelo é às considerações de longo prazo, e não há sugestão de que Aristipo tenha qualquer base teórica para rejeitar esse apelo. Podemos então sugerir que o contraste entre Antístenes e Aristipo pode não ter sido um antagonismo doutrinal radical, mas sim uma questão de temperamento, sendo que Antístenes sentia-se atraído pelos aspectos ascéticos da vida de Sócrates ao ponto de elevá-los ao status de um ideal moral, enquanto Aristipo talvez sentisse que os ideais socráticos de autoconhecimento e autocontrole poderiam ser adaptados a um estilo de vida mais relaxado. Vale relembrar alguns aspectos menos austeros da figura de Sócrates, como sua capacidade excepcional de apreciar comidas e bebidas (Platão, *O banquete* 220a) e sua reputação erótica. O Sócrates hedonista apresentado no *Protágoras* pode ter sido interpretado por alguns como representativo das ideias que Sócrates de fato defendia, como é sugerido pelo papiro mencionado acima, no qual Sócrates é contado entre aqueles que pensam que o prazer é o melhor objetivo na vida. É um fato impressionante (comentado por Agostinho (*Cidade de Deus* 8.3)) que a figura de Sócrates fosse suficientemente plástica para permitir que dois estilos de vida tão contrastantes quanto os de Antístenes e Aristipo fossem classificados, sob certos aspectos, como socráticos.

A ligação de Sócrates com os cínicos, via Antístenes, evoluiu para uma ligação com o estoicismo, já que os estoicos se viam como herdeiros tanto dos cínicos quanto de Sócrates. A sucessão de líderes das escolas, delineada por historiadores helenísticos (apresentada na ordem das vidas em Diógenes Laércio 6-7) vai de Antístenes, passando por Diógenes de Sínope (que foi descrito como "Sócrates enlouquecido" (Diógenes Laércio, 6.54)) e Crates até Zenão de Cítio, o fundador do estoicismo; diz-se que Zenão converteu-se à filosofia pela leitura dos *Memoráveis* de Xenofonte em uma visita a Atenas, e que perguntou onde poderia encontrar alguém como Sócrates, em resposta ao que foi aconselhado a tornar-se discípulo de Crates. Dos cínicos, os estoicos tomaram a doutrina central da vida de acordo com a natureza como o supremo bem humano. Foi, no entanto, Sócrates, e não os cínicos, quem eles consideravam revelar no que consistia a vida de acordo com a natureza. Para os estoicos, a vida de acordo com a natureza era a vida apropriada para cada tipo de ser vivo, por meio da qual eles ocupavam seu lugar na perfeita ordem da natureza como um todo. Os seres humanos são criaturas racionais, e a vida de acordo com a natureza para os humanos é, assim, a vida de acordo com a razão. Já que não existe distinção entre elementos racionais e não racionais na alma humana, não há distinção entre virtude moral e racionalidade. Os estoicos, portanto, aceitavam as doutrinas fundamentais da ética socrática de que virtude é conhecimento e de que a virtude é suficiente para a *eudaimonia*. A doutrina do *Mênon* e do *Eutidemo* de que a virtude (= conhecimento) é o único bem incondicional, eles interpretaram no sentido forte de que a virtude é o único bem, todo o resto sendo "indiferente", isto é, nem bom, nem mau. Aríston, um seguidor de Zenão, defendia a tese da unidade das virtudes, interpretando-a como a tese de que os nomes das diferentes virtudes são caracterizações alternativas do conhecimento do bom e do mau, diferenciadas pela relação desse conhecimento com diferentes circunstâncias.

Os estoicos, assim, adotavam ambas as doutrinas que, como vimos, levaram a um impasse na ética socrática, de que a virtude é conhecimento (isto é, do bem) e de que a virtude é o único bem, e seus críticos não demoraram a alegar que também eles não tinham escapatória: Plutarco alega (*Common Notions* 1072b) que, quando lhes perguntam o que é o bem, eles respondem "Nada a não ser a inteligência", e que quando lhes perguntam o que é a inteligência, respondem "Nada senão o conhecimento dos bens", referindo-se diretamente à passagem no *Eutidemo* (292e) em que a dificuldade apareceu pela primeira vez. Mas a doutrina deles de que a bondade humana é a conformidade com a perfeita ordem da natureza lhes dá uma rota de fuga. A bondade humana é de fato conhecimento da bondade, mas não por isso é conhecimento de nada além da bondade humana, isto é, o conhecimento de si mesma. É o conhecimento da bondade do universo, isto é, conformidade com a bondade do universo por meio da realização da perfeita racionalidade na alma. Mas agora parece que a dificuldade foi meramente adiada; pois a racionalidade tem de consistir em fazer as escolhas certas, isto é, escolhas do que é bom em detrimento do que é mau, mas se nada é bom ou mau, exceto, respectivamente, a virtude e o vício, nós afinal não temos uma explicação elucidativa do que seja a bondade. Esse problema preocupou os estoicos, alguns dos quais buscaram uma solução em uma distinção entre as coisas "indiferentes": haveria os "indiferentes preferíveis" como a saúde, e "indiferentes impreferíveis", como a doença. Nenhum tipo de indiferente é pior ou melhor do que o outro, mas a natureza nos instiga a procurar os preferíveis e fugir dos impreferíveis, e a bondade consiste em fazer as escolhas certas de acordo com essas instigações naturais. Críticos como Plutarco (*Stoic Contradictions* 1047-8) afirmaram que, com essa manobra, os estoicos estavam tentando obter o melhor dos dois mundos, já que eles tinham de afirmar que a escolha dos indiferentes era ao mesmo tempo um assunto de máximo interesse e um assunto de interesse nenhum. As muitas questões fascinantes que isso levanta não podem ser analisadas aqui.

No pensamento estoico, a bondade humana é um conceito subordinado ao da ordem racional do universo. Isso criava uma dificuldade especial para a alegação deles de que seguiam Sócrates, já que faz do conhecimento da natureza uma condição prévia do conhecimento ético, ao passo que Sócrates havia admiravelmente se abstido do interesse pela filosofia natural e se limitado à ética (Xenofonte, *Memoráveis*, 1.1.16, Aristóteles, *Metafísica*, 987$^{b}$1-2). Porém, eles poderiam encontrar passagens nos *Memoráveis* de Xenofonte em que Sócrates tira implicações morais de considerações gerais sobre a natureza. Em 1-4, Sócrates busca converter o ateu Aristodemo argumentando em favor da existência dos deuses e do cuidado deles para com os humanos, baseando-se na estrutura providencial do corpo humano. No decurso dessa discussão, ele argumenta que a inteligência humana deve ser uma porção de uma quantidade maior de inteligência que permeia o mundo, assim como os elementos físicos que compõem o corpo humano são porções das totalidades maiores daqueles elementos; depois, ele diz que a inteligência que está no universo organiza tudo da maneira que mais a agrada, e que o divino vê e ouve tudo, e está em todo canto, e toma conta de todas as coisas, tudo ao mesmo tempo. Certamente pode-se interpretar isso como um presságio da imagem estoica do cosmos, como sendo ele mesmo um ser divino, inteligente, que se auto-organiza, e tanto Cícero (*Da natureza dos deuses* 2.6.18) quanto Sexto Empírico (*Adversus Mathematicos* 9.92-104) referem-se explicitamente a essa passagem de Xenofonte como a fonte do argumento estoico que afirma a racionalidade cósmica. (Um argumento semelhante ocorre nos *Memoráveis* 4.3, fazendo referência especial ao cuidado dos deuses para com os humanos, coisa evidenciada pelo fato de lhes conferirem racionalidade e linguagem.) Outra passagem dos *Memoráveis* que antecipa notavelmente a doutrina estoica é a 44, em que Sócrates e Hípias concordam que existem algumas leis morais universais não escritas, por exemplo, de que se deve adorar os deuses e honrar pai e mãe, que não são produto da convenção humana, como o são as leis de comunidades específicas, mas sim formuladas pelos deuses para todos os homens e sancionadas por punições inevitáveis. Para um paralelo estoico detalhado (tão próximo a ponto de levantar a possibilidade de imitação), ver Cícero, *Da República*, 3.33.

De acordo com o epicurista do século I a.C., Filodemo, os estoicos desejavam ser chamados de socráticos, e Sócrates continuou sendo um paradigma do sábio ao longo de toda a história da escola. Sua aceitação da morte era um modelo de como o homem sábio devia encarar a morte, como se vê em descrições de famosos suicídios estoicos, como por exemplo o de Sêneca. Para Epicteto, escrevendo nos séculos I e II d.C., ele é o sábio *par excellence*, cuja influência ele resume nas palavras: "Agora que Sócrates está morto, a memória do que ele fez ou disse quando vivo não é menos e nem mesmo mais benéfica aos homens" (*Discursos* 4.1.169).

Houve duas tradições principais de ceticismo filosófico na antiguidade, os pirrônicos e os acadêmicos. Os primeiros atribuíam o início de sua linhagem filosófica a Pirro de Élis, do século IV, que, como Sócrates, nada escreveu, e que por esse motivo continua sendo uma figura um tanto enigmática. Não há evidências sólidas de que os adeptos dessa escola vissem Sócrates como um cético. Nas obras de Sexto Empírico, que é nossa fonte principal sobre o ceticismo pirrônico, Sócrates é quase que invariavelmente elencado entre os dogmáticos, isto é, aqueles que defendiam doutrinas positivas, em vez de suspender o julgamento sobre todas as questões, como recomendavam os céticos; somente uma vez (*Adversus Mathematicos* 7.264) Sócrates é citado como alguém que suspende o julgamento, com base em sua afirmação irônica em *Fedro* 230a, de que ele está tão longe do autoconhecimento, que não sabe se é um homem ou um monstro de muitas cabeças. Para os acadêmicos, a situação era diferente. A Academia foi a escola do próprio Platão, que adotou o ceticismo sob a liderança de Arcesilau, pouco depois de um século após sua fundação, e continuou sendo uma escola cética por mais de duzentos anos, até reverter ao dogmatismo, sob o comando de Antíoco de Ascalon. Arcesilau afirmou que, ao adotar o ceticismo, estava sendo fiel ao espírito de Sócrates e de Platão, cujas práticas filosóficas, segundo ele, eram de natureza cética, e não dogmática.

Cícero, nossa fonte principal, deixa claro que Arcesilau via a prática argumentativa de Sócrates como puramente negativa e *ad hominem*; ele próprio não afirmava nenhuma doutrina, mas simplesmente perguntava aos outros o que pensavam e argumentava contra eles. Nos diálogos, de fato, encontramos muitos casos em que os interlocutores de Sócrates são levados a um impasse, pela revelação das incoerências em suas opiniões; Arcesilau interpretou esse resultado como algo que corrobora a posição cética geral de que nada há que os sentidos ou a mente possam apreender como certo (*De Oratore* 3.67; cf. *De Finibus* 2.2, 5.10). Ele atribuiu a Sócrates a afirmação paradoxal de que ele só sabia que nada sabia (*Academica* 1.45; cf. 2.74) e criticou-o, afirmando que ele não deveria ter afirmado saber sequer isso.

Nossa discussão anterior deve ter deixado claro que, embora a leitura que Arcesilau faz de Sócrates de fato selecione características autênticas de sua prática argumentativa, ela é excessivamente seletiva. Sua profissão de ignorância é uma negação de que ele possua sabedoria ou conhecimento, o que é compatível com as afirmações (a) de que ele conhece algumas coisas, mas não à maneira de um perito, e (b) que os outros conhecem algumas coisas como peritos. Ele não afirma que não sabe nada, e tampouco afirma que sabe que não sabe nada. Sócrates jamais conclui, do resultado negativo das investigações que faz das opiniões alheias, a tese universal de que não há nada que os sentidos ou a mente possam apreender como certo. Pelo contrário, ele considera o conhecimento idêntico ao bem e encara o resultado negativo de suas investigações como um estímulo para aprofundar sua busca por ele. É claro, o cético tem o direito de afirmar que a busca pelo conhecimento não é incompatível com o ceticismo. Um *skeptikos* é um buscador, e o cético procura continuamente o conhecimento, que constantemente lhe escapa. Mas apesar da afirmação de estar empenhado numa busca contínua pelo conhecimento, o cético está obrigado a um pessimismo universal quanto à capacidade humana de alcançá-lo; na versão de Arcesilau, "não há nada que *possa* [a ênfase é minha] ser apreendido como certo pela mente ou pelos sentidos". O caso não é apenas que todas as investigações empreendidas até o momento não tenham chegado a uma certeza. O cético acredita de antemão que esse será o resultado em qualquer ocasião e tem algumas estratégias gerais, como o recurso a aparências ou argumentos contraditórios, para mostrar que assim é necessariamente. Não há qualquer vestígio desse pessimismo no Sócrates platônico.

Nem todos os filósofos subsequentes enxergavam Sócrates com bons olhos. Alguns dos sucessores de Aristóteles se mostraram hostis, especialmente Aristóxeno, cuja malévola biografia foi a fonte da anedota sobre a bigamia de Sócrates; ela gerou uma réplica do estoico Panécio. A hostilidade mais consistente veio dos epicuristas. Fiéis à sua tradição de fazer comentários ofensivos sobre filósofos não epicuristas, uma sucessão de epicuristas fez comentários grosseiros sobre Sócrates. Típico deles são algumas observações de Colotes, citadas por Plutarco, descrevendo a história do oráculo dada a Querefonte como "um conto completamente vulgar e sofístico" (*Contra Colotes* 1116e-f) e os argumentos de Sócrates como nada além de vanglória e charlatanismo (*alazonas*), por serem discordantes com o que ele realmente fez (1117d; presumivelmente, Colotes tinha em mente algumas das declarações irônicas de Sócrates professando admiração por seus interlocutores). Como tanto os estoicos quanto os acadêmicos céticos eram considerados rivais profissionais pelos epicuristas, é plausível que a hostilidade destes para com Sócrates derivasse em parte do prestígio conferido a ele por tais escolas.

A tendência de se apoderar de Sócrates como um precursor não se limitava aos filósofos pagãos. Escrevendo no século II d.C., o apologista cristão Justino citou o exemplo de Sócrates para refutar a acusação de ateísmo feita aos cristãos. Como eles, afirmou Justino, Sócrates fora acusado de ateísmo por recusar as fábulas dos deuses do Olimpo e exortar à adoração do único e verdadeiro Deus. Sócrates teve, assim, alguma apreensão parcial da revelação que viria através de Cristo, já que, embora os filósofos sejam responsáveis por seus próprios erros e contradições, causados pela compreensão limitada que têm da verdade, "tudo que tenha sido bem dito por eles pertence a nós, cristãos".

## Filosofia medieval e moderna

A cristianização de Sócrates, da qual Justino dá um exemplo notável, não foi o início de uma tradição ininterrupta. Embora tenha sido influenciado por Platão ao ponto de especular que ele talvez conhecesse as escrituras do Antigo Testamento, Agostinho não repete Justino, reivindicando Sócrates para o cristianismo. Ainda que alguns escritores cristãos louvem Sócrates como um homem bom injustamente condenado à morte, a maioria dos que o mencionam refere-se, em tom de reprovação, à sua "idolatria", citando seu sinal divino (interpretado por alguns, inclusive Tertuliano, como comunicações advindas de um demônio), seu sacrifício a Asclépio e seus juramentos "pelo cão" etc. Na medida em que a tradição platônica reteve sua vitalidade no início do período medieval, esta concentrou-se nas últimas obras de Platão, especialmente no *Timeu*, no qual a personalidade de Sócrates tem um papel insignificante, e, do século XII em diante, a influência de Platão foi em grande parte ofuscada, no Ocidente, pela de Aristóteles. Os grandes filósofos medievais demonstraram pouco ou nenhum interesse por Sócrates, e não é antes do ressurgimento do platonismo, no fim do século XV, que qualquer interesse significativo por ele reaparece. Como parte do programa neoplatônico de interpretar o platonismo como uma expressão alegórica da verdade cristã, encontramos o florentino Marsílio Ficino traçando paralelos detalhados entre os julgamentos e mortes de Sócrates e Jesus, e essa tradição continuou com Erasmo (um de seus diálogos contém a expressão "São Sócrates, orai por nós"), que fez uma comparação entre Cristo no jardim do Getsêmani e Sócrates em sua cela de condenado. (A tradição teve continuidade ao longo dos séculos que se seguiram, com, entre outros, Diderot e Rousseau, no século XVIII, e vários escritores no XIX, todos eles ajustando o paralelismo para que se adaptasse às suas preconcepções religiosas individuais.) Como no mundo antigo, a figura de Sócrates prestou-se para apropriações

**Figura 9. Frontispício desenhado por Matthew Paris de Santo Albano (falecido em 1259) para um tratado de adivinhação, *The Prognostics of Socrates the King*. Os olhos esbugalhados da figura indicada como "Platão" e o fato de que "Sócrates" está escrevendo o que "Platão" dita sugerem que os nomes foram trocados. A imagem aparece em um cartão-postal, ao qual faz referência o título da obra *Cartão-Postal*, de Jacques Derrida.**

por parte de ideologias rivais. Para Montaigne, do século XVI, Sócrates não era uma figura paralela a Cristo, mas um paradigma da virtude e da sabedoria naturais, e os elementos sobrenaturais da representação antiga, especialmente o sinal divino, deviam ser explicados em termos naturalistas; o sinal talvez fosse uma aptidão decisória instintiva, não guiada pela razão, facilitada por seus hábitos arraigados de sabedoria e virtude. A expansão de uma abordagem racionalista da religião nos séculos XVII e XVIII, a qual rejeitou a revelação e o fanatismo resultante nas controvérsias sobre sua interpretação, permitiram que Sócrates fosse visto como um mártir da religião racional que havia encontrado a morte nas mãos de fanáticos. Nessa corrente, Voltaire escreveu uma peça sobre a morte de Sócrates, e o deísta John Toland compôs uma liturgia para adoração em uma "fraternidade socrática", incluindo uma litania na qual, seguindo o exemplo de Erasmo, o nome de Sócrates era invocado.

Como aconteceu no mundo antigo, havia vozes discordantes. Alguns escritores criticavam a moral de Sócrates, citando suas tendências homossexuais e o desleixo para com sua esposa e seus filhos. Para alguns, incluindo Voltaire, o sinal divino manifestava uma lamentável tendência à superstição. O século XVIII viu o surgimento das primeiras obras modernas que ressuscitavam a afirmação de que as acusações contra Sócrates eram políticas, e defendiam sua condenação com base em sua hostilidade à democracia ateniense e suas relações com Crítias e Alcibíades. (Essa linha de interpretação continua até os dias atuais; um exemplo é o livro amplamente lido de I. F. Stone, *O julgamento de Sócrates*.) E alguns escritores de opiniões cristãs ortodoxas repudiaram os paralelos entre Sócrates e Jesus, alegando, em acréscimo às acusações de superstição e imoralidade já mencionadas, que Sócrates havia de fato cometido suicídio.

O padrão de apropriação a uma cultura estranha tem paralelos no tratamento que a literatura medieval árabe deu a Sócrates. Com exceção de Platão e Aristóteles, ele é o filósofo mais citado por escritores árabes, e o interesse por ele estendeu-se para além dos filósofos, chegando aos poetas, teólogos, místicos e outros estudiosos. Tal interesse não se fundava num conhecimento sistemático dos textos gregos relevantes. Embora as obras que lidam com a morte de Sócrates, em especial o *Fédon* e o *Críton,* de Platão, obviamente fossem conhecidas, há poucas evidências de um conhecimento mais profundo dos diálogos platônicos, e nenhuma de um conhecimento do restante da literatura socrática. Havia, no entanto, uma vasta tradição de anedotas que registravam ditos de Sócrates, como os registrados por Diógenes Laércio e outros escritores biográficos e moralizantes. Essa tradição representa Sócrates como um sábio, um dos "Sete Pilares da Sabedoria" (ou seja, sábios), um modelo moral, um exemplo de todas as virtudes e uma fonte de sabedoria sobre todos os assuntos, incluindo os homens, o mundo, o tempo e, acima de tudo, Deus. Ele é sistematicamente representado como defensor de uma elaborada teologia monoteística, neoplatônica em seus detalhes, e sua condenação e sua morte são atribuídas ao fato de ele sustentar sua fé no único Deus verdadeiro em face dos erros dos idólatras. Isso permitiu que ele fosse visto como um precursor dos sábios islâmicos (como foi visto no Ocidente como um protocristão) e descrito em termos que o assimilam a figuras veneradas no Islã, incluindo Abraão, Jesus, e até mesmo o próprio Profeta. Alguns escritos o retratam como um asceta, e fica claro que sua figura funde-se com a dos cínicos, principalmente com a de Diógenes – ao ponto de se dizer que vivia numa banheira e que dissera a Alexandre, o Grande, que chegasse para o lado, pois estava atrapalhando o seu banho de sol. Em outros escritos, ele é o pai da alquimia; em outros ainda, um pioneiro da lógica, da matemática e da física. Mais uma vez, como no Ocidente, a percepção em geral honorífica de Sócrates foi contestada por motivos religiosos por alguns fiéis ortodoxos (como o teólogo do século XI, al-Ghazali), que o descreveram como um criador de heresias, uma ameaça ao Islã, e até mesmo como ateu.*

A tradição de adaptar a figura de Sócrates para enquadrá-la nas preconcepções gerais do autor é perceptível no tratamento que lhe dão três grandes filósofos do século XIX, Hegel, Kierkegaard e Nietzsche. Em suas *Lições sobre a história da filosofia*, proferidas em 1805-1806, Hegel vê a condenação de Sócrates como um conflito trágico entre duas perspectivas morais, ambas defensáveis, e consequentemente como um estágio necessário do processo dialético pelo qual o espírito do mundo se realiza em seu desenvolvimento mais pleno. Antes de Sócrates, os atenienses haviam, de maneira espontânea e irrefletida, seguido os ditames da moralidade objetiva (*Sittlichkeit*). Ao examinar criticamente as crenças morais dos outros, Sócrates transforma a moralidade em algo individual e reflexivo (*Moralität*); é um requerimento dessa nova moralidade que seus princípios passem pelo teste da reflexão crítica do indivíduo. Porém,

---

* Para maiores informações, ver I. Alon. *Socrates in Mediaeval Arabic Literature* (Leiden e Jerusalém, 1991).

já que Sócrates foi incapaz de fornecer qualquer definição conclusiva do bem, o efeito dessa reflexão crítica é simplesmente minar a autoridade da *Sittlichkeit*. A reflexão crítica revela que as leis morais sem exceções proclamadas pela *Sittlichkeit* na verdade têm exceções, mas a falta de um critério definido deixa o indivíduo sem ter como determinar o que é certo em casos particulares, exceto por um esclarecimento íntimo ou pela consciência, o que no caso de Sócrates toma a forma de seu sinal divino.

O apelo de Sócrates à própria consciência é, assim, um apelo a uma autoridade superior à do senso moral coletivo do povo, mas este é um apelo que o povo não pode permitir:

> O espírito desse povo em si mesmo, em sua constituição, toda sua vida, repousava, contudo, sobre uma base moral, sobre a religião, e não poderia existir sem essa base absolutamente segura. Assim, porque Sócrates faz a verdade repousar no julgamento da consciência individual, ele entra em uma luta com o povo ateniense quanto ao que é certo e ao que é verdadeiro. Sua acusação foi, portanto, justa.
>
> (i.426)*

O conflito entre a consciência individual e o Estado era, portanto, inevitável, visto que ambos necessariamente reivindicam a autoridade moral suprema. É também trágico, uma vez que ambos os lados estão certos:

---

* *Lectures on the History of Philosophy*. Trad. inglesa de E. S. Haldane. Londres, 1982.

> Naquilo que é verdadeiramente trágico, deve haver poderes morais válidos em ambos os lados que entram em colisão; assim ocorreu com Sócrates. Um poder é o direito divino, a moralidade natural cujas leis são idênticas à vontade que nele habita como em sua própria essência, livre e nobremente; podemos chamá-lo, abstratamente, de liberdade objetiva. O outro princípio, pelo contrário, é o direito, tão divino quanto, da consciência ou da liberdade subjetiva: esse é o fruto da árvore do conhecimento do bem e do mal, isto é, da razão autocriadora; e é o princípio universal para todas as épocas sucessivas. São esses dois princípios que nós vemos entrar em oposição na vida e na filosofia de Sócrates.
>
> (i. 446-7)

A situação é trágica porque tanto a moralidade coletiva quanto a consciência individual fazem ao indivíduo exigências que são justificadas e inevitáveis, porém conflitantes: a única solução é a evolução da humanidade até um estágio no qual tais exigências necessariamente coincidam. O indivíduo dissidente, como Sócrates, é derrotado, mas essa derrota leva ao triunfo daquilo que é imperfeitamente representado por aquela "individualidade falsa", a atividade crítica do espírito do mundo:

> A forma falsa da individualidade é levada embora e, realmente, de modo violento, por uma punição, mas o próprio princípio penetrará mais tarde, mesmo que em outra forma, e se elevará em uma forma do espírito do mundo. Esta modalidade universal na qual o princípio

> surge e permeia o presente é a verdadeira; o que estava errado era o fato de que o princípio surgiu como a posse singular de um indivíduo.
>
> (i.444)

Parece, então, que a condenação de Sócrates surge do conflito entre as exigências legítimas das moralidades coletiva (*Sittlichkeit*) e individual (*Moralität*), conflito que, por sua vez, indica um estágio do desenvolvimento humano no qual a coletividade e o indivíduo são separados e, portanto, potencialmente conflitantes. Esse estágio será suplantado por um estágio mais elevado de desenvolvimento, no qual o indivíduo e a coletividade são de alguma forma identificados, não pela subordinação de um a outro, e tampouco pela fusão do indivíduo no coletivo, mas pelo desenvolvimento de uma forma superior de individualidade, na qual a individualidade é constituída por seu papel no coletivo.

Kierkegaard discute Sócrates extensamente em uma de suas primeiras obras, *O conceito de ironia, constantemente referido a Sócrates*. Essa foi sua tese de licenciatura plena (MA), apresentada à Universidade de Copenhague em 1841, pouco depois da grande crise de sua vida, o rompimento de seu noivado com Regine Olsen. (Os relatórios dos examinadores encontram-se preservados nos arquivos da universidade, fornecendo um retrato divertido das agruras da mente acadêmica confrontada com um talento excêntrico.) Seu tratamento de Sócrates é hegeliano: para ele, assim como para Hegel, Sócrates encontra-se em um ponto de virada na história do mundo, no qual o espírito do mundo avança para um estágio superior de desenvolvimento, e, para ele, também essa ruptura exige o sacrifício do indivíduo.

"Um indivíduo pode ao mesmo tempo estar justificado historicamente e, contudo, não autorizado. Enquanto está neste último caso, tem de tornar-se uma *vítima*; mas na medida em que vale o primeiro, ele tem de vencer; quer dizer, em se tornando uma *vítima* (p. 225)."* Para Kierkegaard, assim como para Hegel, o papel de Sócrates é levar a moralidade grega a um estágio mais elevado de desenvolvimento; o que é original em sua abordagem é a identificação da ironia como o meio pelo qual essa transformação da moralidade seria efetivada. O helenismo clássico havia sobrevivido a si mesmo, mas, antes que um novo princípio pudesse surgir, todas as preconcepções falsas da moralidade obsoleta tinham de ser extirpadas. Esse foi o papel de Sócrates, e a ironia foi a arma que ele empregou:

> Mas *a ironia* é o gládio, *a espada de dois gumes* que ele brandia como um anjo da morte sobre a Grécia (...) *a ironia* é justamente o *incitamento da subjetividade* e, em Sócrates, uma verdadeira *paixão histórico-universal.* Em Sócrates termina um desenvolvimento, e com ele inicia um novo. Ele é a última figura clássica, mas ele consome esta sua solidez e esta sua plenitude natural no serviço divino pelo qual ele arrasa o que é clássico.
>
> (p. 164-5)

Por ironia Kierkegaard não está se referindo à ignorância fingida ou a uma pose de deferência aos outros. A "ironia" recebe um sentido técnico, retirado de Hegel, de

* *O conceito de ironia, constantemente referido a Sócrates*. Trad. Álvaro Luiz Montenegro Valls. Petrópolis: Vozes, 1991.

exposta por Protágoras no diálogo (ver acima). Essa teoria rejeita a tese fundamental dos radicais de que a natureza e as convenções se opõem. Pelo contrário, as convenções, sob a forma da moralidade social, são em si um produto da natureza, já que surgem naturalmente quando os seres humanos são obrigados a se adaptar (com a formação de comunidades) de modo a sobreviver. Então, longe de as convenções frustrarem o desenvolvimento da natureza humana, é somente através das convenções que a natureza humana pode sobreviver e prosperar, no sentido de desenvolver uma civilização.

Dado que Protágoras defende a moralidade convencional, em especial a justiça e o autocontrole, ele é um aliado contra Cálicles e Trasímaco. Apesar disso, Sócrates considera a sua teoria inadequada. Ele poderia ter argumentado, embora na verdade não o faça, que a explicação de Protágoras faz a justiça e o autocontrole apenas instrumentalmente desejáveis, e não intrinsecamente; o valor deles está em serem necessários como pré-requisitos para os benefícios da vida comunal, mas o que é necessário é que essas virtudes sejam apenas geralmente, e não universalmente, cultivadas. Assim, alguém que possa impunemente fazer o mal numa ocasião específica sem colocar em perigo a estrutura social não tem motivo para não fazê-lo (o problema do "aproveitador"). Esta questão é tratada no livro 2 da *República*. No *Protágoras*, a crítica de Sócrates é de que, ao supor a separação das virtudes individuais (ver acima), Protágoras manifesta uma compreensão inadequada da natureza da bondade. Por isso, sua reivindicação de conhecimento especializado sobre a bondade (em outras palavras, de poder ensinar a *politikē technē* (319a)) é fraudulenta, e aqueles, "negatividade infinita e absoluta". O que isso significa é a supressão do estágio inferior em um processo dialético em favor do superior. Kierkegaard dá o exemplo da suplantação do judaísmo pelo cristianismo, no qual João Batista tem um papel "irônico" comparável ao de Sócrates: "João deixou portanto o judaísmo subsistir e ao mesmo tempo desenvolveu nele o germe da ruína" (p. 228). Mas havia uma diferença crucial entre Sócrates e João, já que esse último não tinha consciência de sua ironia:

> Mas, para que a formação irônica se desenvolva completamente, exige-se que ao mesmo tempo *o sujeito tome consciência de sua ironia*, se sinta negativamente livre ao condenar a realidade dada e goze a liberdade negativa.
>
> (p. 228)

Essa condição foi cumprida por Sócrates, que foi a primeira pessoa a exibir a ironia como "uma qualificação de subjetividade":

> Entretanto, já que a ironia é uma determinação da subjetividade, então ela também tinha de se mostrar lá onde a subjetividade pela primeira vez apareceu na história universal. Com efeito, *a ironia é a primeira e a mais abstrata determinação da subjetividade*. Isso aponta para aquela virada histórica em que a subjetividade pela primeira vez apareceu, e assim nós chegamos a Sócrates.
>
> (p. 229)

Então, a contribuição de Sócrates para o desenvolvimento da moralidade é rejeitar conscientemente a autoridade de todas as normas morais anteriores, e estar consciente de sua liberdade. A falsa autoridade objetiva dessas normas é suplantada pela aceitação subjetiva delas pelo indivíduo. Assim, a ironia não equivale a um niilismo moral, mas ao subjetivismo moral. A conexão com a ironia no sentido normal parece ser dupla: primeiro, o fingimento de ignorância de Sócrates era, segundo Kierkegaard, uma tática utilizada em sua crítica destrutiva da moralidade convencional; e segundo, o indivíduo irônico não mais leva a moralidade a sério. Ele não pode levar a moralidade convencional a sério, pois explodiu suas reivindicações à objetividade. Mas também não pode levar a sério a moralidade que ele mesmo escolheu, porque a considera um trabalho ao qual se submeteu arbitrariamente, algo talvez como um hobby ao qual alguém acabou de tomar a decisão de dedicar-se (p. 178). Kierkegaard não faz alusão a qual seja a resposta à pergunta de por que o ironista não deveria simplesmente desistir de vez da moralidade; ele descreve Sócrates como tendo chegado "à ideia do bem, do belo, do verdadeiro, como limite, isto é, chega até a infinitude ideal como possibilidade" (p. 155), o que parece aludir a algum nível ainda mais elevado, no qual o próprio subjetivismo moral é suplantado. Uma comparação em um ponto anterior do livro (p. 37), entre o efeito sedutor de Sócrates sobre seus conhecidos e Cristo assoprando o Espírito Santo sobre seus discípulos, talvez aponte para as obras posteriores nas quais esse nível mais elevado é encontrado no salto de fé; mas, nessa obra, isso não passa de uma levíssima sugestão.

A sugestão é explanada consideravelmente na obra de Kierkegaard *Concluding Unscientific Postscript* (1846), em que o retrato tradicional de Sócrates como um precursor do cristianismo passa por uma reviravolta caracteristicamente idiossincrática. A essência do cristianismo é agora vista como subjetividade. Do ponto de vista objetivo da filosofia especulativa, o cristianismo é um absurdo, que pode ser aceito somente pelo salto de fé sem critérios da parte do indivíduo, um salto que não é a aceitação de um sistema abstrato de proposições, mas um compromisso pessoal com um modo de vida. Esse compromisso subjetivo transcende o conhecimento objetivo, e Kierkegaard afirma que dá acesso a uma forma própria de verdade:

> *Uma incerteza objetiva à qual se é fiel, em um processo de aproximação da mais apaixonada interioridade, é a verdade*, a verdade mais elevada à qual um indivíduo existente pode ter acesso [ênfase de Kierkegaard]... A definição da verdade proposta acima é uma expressão equivalente para a fé. Sem risco, não há fé. A fé é precisamente a contradição entre a paixão infinita da interioridade do indivíduo e a incerteza objetiva. Se sou capaz de compreender Deus objetivamente, eu não creio, mas precisamente porque não posso fazer isso, devo crer. Se desejo perseverar na fé, devo estar constantemente determinado a ser fiel à incerteza objetiva, de modo a permanecer à beira do abismo, sobre setenta mil braças d'água, ainda preservando a minha fé.
>
> (182)*

---

* *Concluding Unscientific Postscript*. Trad. inglesa de D. F. Swenson e W. Lowrie. Princeton, NJ, 1941.

Com essa adesão subjetiva à moralidade, Sócrates chegou tão perto dessa verdade quanto era possível a um pagão:

> No princípio de que a subjetividade, a interioridade, é a verdade, está compreendida a sabedoria socrática, cujo mérito perene foi ter se tornado consciente da importância essencial da existência, do fato de que a pessoa que conhece é um indivíduo que existe. Por isso, Sócrates habitava a verdade graças à sua ignorância, no sentido mais elevado em que isso era possível dentro do paganismo.
>
> (183)

Ademais, Kierkegaard está pronto para atribuir a Sócrates não apenas o compromisso subjetivo com a moralidade, mas também fé subjetiva em Deus, uma fé que realmente prenuncia a fé do cristão, embora esteja ausente o seu caráter profundamente paradoxal:

> Sócrates, ao acreditar que existia um Deus, foi fiel à incerteza objetiva com toda a paixão de sua interioridade, e é precisamente nessa contradição e nesse risco que a fé tem suas raízes. Agora é diferente. Em vez da incerteza objetiva, há aqui uma certeza, que objetivamente é absurda; e essa absurdidade, à qual se é fiel na paixão da interioridade, é a fé. A ignorância socrática é como um gracejo espirituoso em comparação com a gravidade de se encarar o absurdo; e a interioridade existencial socrática é como a jovialidade dos gregos em comparação com o sério ardor da fé.
>
> (188)

Assim, Sócrates combina a convicção subjetiva na existência de Deus com a ideia de que objetivamente a verdade da questão é incerta. Dado que essa postura implica um certo desconforto intelectual, é uma mera aproximação da genuína angústia do cristão, cujo compromisso é com verdades as quais, disso tem-se uma certeza objetiva, são absurdas.

Para Nietzsche, Sócrates foi uma entre várias figuras, que incluíam Cristo e Wagner, pelas quais ele nutria sentimentos profundamente ambivalentes: como ele disse, "Sócrates está tão próximo de mim que estou quase sempre lutando contra ele". Essa ambivalência encontra expressão nas diferenças de tom, algumas vezes entre diferentes obras, outras na mesma obra. O que diz de Sócrates em sua primeira obra publicada, *O nascimento da tragédia* (1872), ilustra bem isso. A tese central da obra é que a tragédia grega surgiu da interação de dois aspectos opostos da criatividade dos gregos, que Nietzsche chama de apolíneo e dionisíaco. A tendência apolínea, que tem sua expressão mais pura em Homero, é caracterizada, bem obscuramente, através de uma analogia com os sonhos; parece equivaler à apresentação de um mundo imaginário, especificamente o mundo dos deuses homéricos, em uma forma lúcida e encantadora. A tendência dionisíaca, cujo análogo é a embriaguez, é a tendência a dar expressão a impulsos arrebatadores e voláteis, especialmente os impulsos sexuais e violentos. Os festivais religiosos eram as ocasiões tradicionais em que se permitia a expressão desses impulsos, e foi a realização solitária dos gregos desenvolver uma forma de festival, o festival dramático, no qual o casamento dessas duas tendências deu início a uma forma de arte, a tragédia, que combina a ilusão apolínea e o arrebatamento dionisíaco em uma síntese sem par. O elemento apolíneo é associado particularmente com os diálogos da tragédia ática, e o dionisíaco, com o coro, mas não devemos pensar na síntese como simples justaposição. Mais exatamente (embora a obscuridade da escrita de Nietzsche torne a interpretação incerta), a ideia básica é que o mundo da tragédia é ao mesmo tempo sombrio e terrível como as forças dionisíacas, e tão lúcido e, misteriosamente, tão alegre quanto o ensolarado mundo dos deuses homéricos. "Tão incomum é a potência do épico-apolíneo que ela encanta as coisas mais terrificantes aos nossos olhos com aquele prazer pela aparência e a redenção por meio da aparência" (12).*

Essa síntese, atingida nas peças de Ésquilo e Sófocles, desaparece na obra de Eurípides. A tragédia de Eurípides é uma forma degenerada, cuja característica própria é a representação realista dos tipos, mais próxima ao mundo da Nova Comédia do que ao mundo aterrorizante, mas ainda assim ideal, de Ésquilo e Sófocles. A explicação de Nietzsche para isso é que

> o espectador foi levado por Eurípides à cena... Por seu intermédio, o homem da vida cotidiana deixou o âmbito dos espectadores e abriu caminho até o palco, o espelho, em que antes apenas os traços grandes e audazes chegavam à expressão, mostrou agora aquela desagradável exatidão que também reproduz conscienciosamente as linhas mal traçadas na natureza. (11)

* *O nascimento da tragédia*. Trad. J. Guinsburg. São Paulo: Companhia das Letras, 2007.

É isso que traz Sócrates à cena, visto que Nietzsche, repetindo à sua idiossincrática maneira a antiga tradição de que Sócrates colaborara com Eurípides (Diógenes Laércio, 2.18), o vê como uma influência decisiva na degeneração da tragédia, que ele considerava ter sido realizada por Eurípides.

Novamente, a forma exata dessa influência não é facilmente encontrável na prosa de Nietzsche. Ele fala de Eurípides como sendo apenas uma máscara através da qual fala um novo poder demoníaco, nem Dionísio nem Apolo, mas Sócrates (*O nascimento da tragédia* 12). O sentido literal sugerido parece ser o de que o realismo de Eurípides baseia-se no naturalismo psicológico. Os personagens dramáticos têm de ser mostrados agindo de acordo com os mesmos princípios psicológicos que usamos para explicar as ações de pessoas que existem na vida comum. É isso o que Nietzsche chama de "*socratismo estético* [ênfase do próprio Nietzsche], cuja suprema lei soa mais ou menos assim: 'Tudo deve ser inteligível para ser belo', como sentença paralela à sentença socrática 'Só o sabedor é virtuoso'" (12). Então, "socratismo" parece ser o nome para um espírito de racionalismo naturalista, que procura domar as forças terríveis expostas tão gloriosamente em Ésquilo e Sófocles, sujeitando-as à elucidação e à crítica.

> O socratismo condena tanto a arte quanto a ética vigentes; para onde quer que dirija o seu olhar perscrutador, avista ele a falta de compreensão e o poder da ilusão; dessa falta, infere a íntima insensatez e a detestabilidade do existente. A partir desse único ponto, julgou Sócrates que devia corrigir a existência: ele, só

> ele, entra com ar de menosprezo e de superioridade, como precursor de uma cultura, de uma arte e de uma moral totalmente distintas, em um mundo tal que seria por nós considerado a maior felicidade agarrar-lhe a fímbria com todo o respeito.
>
> (13)

O socratismo estético parece, assim, ser a ampliação, para o reino da arte, do intelectualismo que o Sócrates platônico procura aplicar à conduta humana. Para o Sócrates platônico virtude é conhecimento e é suficiente para a *eudaimonia*; então a vida boa deve ser alcançada através do entendimento, e todos os atos maus devem ser atribuídos à falta de entendimento. Assim como o Sócrates platônico não dá um papel positivo aos elementos não racionais da personalidade, a arte socrática não tem lugar para o misterioso, para o que não pode ser demonstrado pela teoria. Mas é precisamente sua resistência à teoria que dá à tragédia seu poder e sua profundidade. Ela explora forças que transcendem a compreensão psicológica e expõe dilemas que a teoria moral é incapaz de resolver. O socratismo, assim, equivale a um profundo empobrecimento do espírito, que Nietzsche chama (usando a palavra francesa) de *décadence*.

O uso desse termo evidencia a ambivalência da atitude de Nietzsche para com Sócrates. *O nascimento da tragédia* é permeado por uma percepção tanto da qualidade super-humana do indivíduo Sócrates, "o homem isento do temor à morte pelo saber e pelo fundamentar", (15) quanto do poder transcendente do espírito investigativo que aquele indivíduo representa. O "prazer da intuição socrática" transforma toda atitude para com o mundo:

> o Sócrates platônico há de aparecer como mestre de uma forma totalmente nova da 'serenojovialidade grega' e da felicidade de existir, forma que procura descarregar-se em ações e que vai encontrar tais descargas sobretudo em influências maiêuticas e educativas sobre jovens nobres, com o fito de produzir finalmente o gênio.
>
> (15)

> Não [se pode] deixar de enxergar em Sócrates um ponto de inflexão e um vértice da assim chamada história universal
>
> (15)

já que Sócrates é a encarnação do espírito científico, que nos levou às alturas do saber científico moderno e sem o qual a humanidade poderia até mesmo não ter sobrevivido. Mas, ao mesmo tempo, Nietzsche está convencido de que esse otimismo socrático, essa fé na capacidade do intelecto de resolver todos os problemas da conduta humana e da natureza, não é apenas uma ilusão profunda, mas também um sintoma de degeneração. Seções posteriores de *O nascimento da tragédia* expressam isso com vigor:

> [dessa] música interiormente degenerada [*isto é, o novo ditirambo ático, uma forma musical criada no fim do século V a.C.*] se apartavam as naturezas verdadeiramente musicais com aversão igual à que dedicavam à tendência assassina da arte por parte de Sócrates. O instinto seguro e captante de Aristófanes sem dúvida apreendeu o certo quando conjugou, no

mesmo sentimento de ódio, o próprio Sócrates, a tragédia de Eurípides e a música dos novos ditirâmbicos, e farejou em todos estes três fenômenos os signos característicos de uma cultura degenerada.

(17)

A um algema-o o prazer socrático do conhecer e a ilusão de poder curar por seu intermédio a ferida eterna da existência.

(18)

Posteriormente, na mesma seção, Nietzsche fala do mundo moderno, descrevendo-o como preso na rede da cultura alexandrina (isto é, não criativa e escolástica), propondo como seu ideal o homem teórico, que trabalha a serviço da ciência, cujo protótipo é Sócrates, e do fruto da cultura socrática como "otimismo que se presume sem limites". A "tentativa de autocrítica", acrescentada à segunda edição da obra, catorze anos depois, retorna a esse tema: "aquilo de que a tragédia morreu, o socratismo da moral, a dialética, a suficiência e a serenojovialidade do homem teórico... Não poderia ser precisamente esse socratismo um signo de declínio, do cansaço, da doença, de instintos que se dissolvem anárquicos?" (1).

Em escritos posteriores, particularmente os de 1888, pouco antes de seu colapso mental definitivo, o tom é mais duro. Nietzsche agora identifica-se com as forças dionisíacas e vê a rejeição de Sócrates a elas como, na verdade, uma rejeição pessoal, à qual ele responde com extrema violência emocional. Na seção de *Ecce homo* dedicada ao *Nascimento da tragédia* ele diz que as duas novidades cruciais dessa obra são, primeira, a compreensão do fenômeno dionisíaco, agora visto como "a raiz de toda a arte grega", e, segunda, "a compreensão do socratismo: Sócrates na condição de instrumento da dissolução grega, reconhecido pela primeira vez na condição de *décadent* típico". "Eu fui o primeiro a perceber", ele continua,

> a verdadeira antítese: o instinto *degenerado*, que se volta contra a vida com uma fúria vingativa subterrânea (...) e uma fórmula da *mais alta afirmação*, nascida da abundância, da superabundância, um dizer-sim sem reservas, até mesmo para o sofrimento, para a culpa (...) Esse último, alegríssimo, mais grávido, mais excitado sim para a vida não é apenas a maior e a mais clara entre as compreensões, ele é também a *mais profunda*, a que mais foi confirmada e comprovada pela verdade e pela ciência (...) O discernimento, o dizer-sim à realidade é, para o forte, uma necessidade tão grande quanto a covardia e a *fuga* da realidade – o "ideal" – o é para o homem fraco, subjugado sob a inspiração da fraqueza... Eles não têm liberdade para reconhecer: os *décadents* têm *necessidade* da mentira; a mentira é uma das condições de sua conservação... Quem não apenas compreende a palavra "dionisíaco", mas também *se* compreende na palavra "dionisíaco", não tem necessidade de refutar Platão, ou o cristianismo, ou Schopenhauer – ele *fareja a decomposição...*
>
> (p. 84-5)*

* *Ecce homo*. Trad. Marcelo Backes. Porto Alegre: L&PM, 2009.

A linguagem de doença e decomposição retoma o tema do ensaio sobre Sócrates em *Crepúsculo dos ídolos*, escrito naquele mesmo ano. Nietzsche começa com as últimas palavras de Sócrates, que interpreta como uma expressão de agradecimento por libertar-se da doença da vida (ver acima). Mas o cansaço do mundo que isso demonstra é em si mesmo a doença da qual Sócrates, assim como todos os supostos sábios que teorizam sobre a moralidade e os valores, sofre:

> "deve haver alguma *doença* aí, em todo caso" – essa a *nossa* resposta: deveríamos primeiro ver de perto esses grandes sábios de todas as épocas! (...) Será que a sabedoria aparece na Terra sob a forma de um corvo que se entusiasma com um ligeiro odor de carniça?
>
> (p. 26)*

Sócrates e Platão são "sintomas de declínio... instrumentos da dissolução grega... pseudogregos... antigregos", porque a teorização deles implica uma atitude negativa para com a vida, em contraste com a afirmação triunfante do homem dionisíaco com o qual Nietzsche se identificou.

Mas Nietzsche não para na caracterização de Sócrates como um *décadent* típico (talvez o arquetípico); em cinco seções surpreendentes (3 a 7) ele faz um ataque feroz à personalidade de Sócrates, em termos que demonstram um esnobismo repugnante, que chega até a resvalar no antissemitismo. Sócrates pertencia à classe social mais baixa: era plebe. Sua feiura era sintoma de um temperamento sórdido

---

* *Crepúsculo dos ídolos*. Trad. Renato Zwick. Porto Alegre: L&PM, 2009.

e devasso. Será que era mesmo um grego? A dialética é um recurso mal-intencionado pelo qual a plebe derrota seus superiores, pessoas de gosto mais refinado e de melhores maneiras. É um expediente de emergência nas mãos dos que não possuem outras armas. (Por isso os judeus eram dialéticos.) Sócrates foi o palhaço que se fez levar a sério.

Lendo isso em perspectiva, com o conhecimento do colapso iminente de Nietzsche, sente-se inclinado a relevar como mera expressão de um desvario patológico. Porém, essa violência, embora possa ser patológica, é em si expressão da profunda ambivalência de Nietzsche para com Sócrates. Na seção 8, ele diz que deu a entender de que modo Sócrates podia causar repulsa, o que torna ainda mais necessário explicar os motivos do fascínio que exercia. Então, as seções 3 a 7 apresentam uma reação adversa a Sócrates, deixando ambíguo o quanto Nietzsche partilha dela. Em algum sentido, não há dúvida, a reação é dele, mas também o é o que se segue. A caricatura grotesca daquelas seções é contrabalançada por um retrato generoso de Sócrates, como de alguém que tentou, erroneamente, sem dúvida, mas com seriedade e boa intenção, curar as doenças de seu tempo, submetendo os perigosos instintos dionisíacos ao controle da razão. Nietzsche não desmente sua avaliação negativa; Sócrates "parecia ser um médico, um salvador", mas sua fé na racionalidade a todo custo foi um erro e um autoengano: "Sócrates foi um mal-entendido; *toda a moral do melhoramento, também a cristã, foi um mal-entendido*". Porém, a mudança de tom é profundamente impressionante, e o retorno ao tema da morte de Sócrates na seção final tem um matiz genuinamente elegíaco:

> Será que ele ainda chegou a compreender isso [isto é, "que enquanto a vida *ascende*, felicidade é sinônimo de instinto"], ele que era o mais sagaz dos autoludibriadores? Será que por fim disse isso a si mesmo na *sabedoria* de sua coragem frente à morte?... Sócrates *queria* morrer: não foi Atenas, mas *ele* que se deu a taça de veneno, ele que forçou Atenas a fazê-lo... "Sócrates não é médico", disse baixinho para si mesmo, "o único médico aqui é a morte. O próprio Sócrates apenas padeceu de uma longa enfermidade..."
>
> (p. 33)

Até o fim, Nietzsche lutou contra Sócrates, porque estava demasiadamente próximo de si.

# Conclusão

Toda época tem de recriar seu próprio Sócrates. O que ele significa para uma época pós-cristã e pós-idealista, para a qual nem a figura de um precursor de Cristo, nem a da encarnação do espírito do mundo em seu desenvolvimento de uma forma superior de consciência têm qualquer significado? Uma resposta é ver o que significou historicamente, como pioneiro do pensamento ético sistemático, como uma influência central sobre Platão, como o centro da literatura socrática e assim por diante. Mas a importância histórica de Sócrates, por mais inquestionável que seja, não esgota seu significado, mesmo para uma época secular, não ideológica, como a nossa. Além de indivíduo histórico e personagem literário, Sócrates é, em muitos sentidos, uma figura exemplar, uma figura que desafia, encoraja e inspira. Para usar o exemplo mais óbvio, Sócrates ainda apresenta um desafio àqueles cujo caminho para a filosofia, e mais geralmente para o pensamento crítico sistemático, se dá através dos diálogos socráticos. Mesmo em um mundo onde o estudo dos clássicos antigos perdeu seu prestígio cultural, muitos descobrem que esses textos, cujo brilho dialogal e cuja relativa ausência de tecnicalidades atraem o leitor para o seu próprio diálogo com o texto, são a melhor introdução à filosofia. Além disso, quase todos que trabalham no ensino descobrem alguma afinidade com o método socrático de desafiar o estudante a examinar suas crenças, a revisá-las à luz do raciocínio e a chegar a respostas por meio da reflexão crítica sobre as informações apresentadas. Mas o método crítico não é simples estratégia pedagógica; ele é, na vida real assim como nos diálogos socráticos, um método de autocrítica. O lema "A vida sem inspeção não vale a pena ser vivida pelo homem" (Platão, *Apologia* 38a) expressa um valor humano fundamental, até certo ponto essencial para a integridade, a saber, a disposição de repensar as próprias premissas e assim rejeitar a permanente tendência ao dogmatismo complacente. Levada ao excesso, a autoinspeção pode ser paralisante, mas Sócrates permanece como exemplo de uma vida na qual ela é uma força positiva, em escala heroica, já que produz a segurança para manter-se fiel, haja o que houver, àqueles ideais que resistiram ao teste da autocrítica. Enquanto a integridade moral e a intelectual continuarem sendo ideais humanos, Sócrates continuará sendo um modelo adequado deles.

# Leituras complementares

## Fontes antigas

Todos os diálogos de Platão citados neste livro estão disponíveis em inúmeras traduções para o inglês. A tradução mais acessível dos escritos socráticos de Xenofonte é a de H. Tredennick e R. Waterfield, *Xenophon, Conversations of Socrates*, da Penguin Classics (Harmondsworth, 1990), que tem excelentes introdução e notas. As obras socráticas também estão disponíveis como parte da edição de Xenofonte da Loeb Classical Library (edição bilíngue grego-inglês), *Memorabilia* e *Oeconomicus* traduzidos por E. C. Marchant (Londres e Nova York, 1923), *Symposium* e *Apology* traduzidos por O. J. Todd (Londres e Cambridge, Mass., 1961). *Lives of the Philosophers*, de Diógenes Laércio, também está disponível na edição da Loeb (2 vols., trad. R. D. Hicks (Cambridge, Mass., 1925)). A peça *Clouds* [*As nuvens*], de Aristófanes, foi traduzida por B. B. Rogers (Londres, 1916 (reimpressão em 1924 como parte da edição das obras completas de Aristófanes pela Loeb)) e por W. Arrowsmith (Ann Arbor, Mich., 1962). A edição da peça por K. J. Dover (Oxford, 1968, edição condensada, 1970) contém uma introdução abrangente, que é muito útil mesmo para os que não têm noção da língua grega.

A maior parte dos fragmentos dos escritores socráticos menores estão disponíveis somente em grego; a edição clássica é a de G. Giannantoni, *Socratis et Socraticorum Reliquiae*, 4 vols. (Nápoles, 1991). Os principais fragmentos de Ésquines encontram-se traduzidos em G. C. Field, *Plato and his Contemporaries* (Londres, 1930), capítulo 11.

De J. Ferguson, *Socrates, A Source Book* (Londres, 1970) contém uma coleção abrangente de passagens de obras antigas (em tradução para o inglês) que fazem referência a Sócrates.

### Obras modernas

A literatura moderna sobre Sócrates é vasta. De T. C. Brickhouse e N. D. Smith, *Socrates on Trial* (Oxford, 1989) contém um guia proveitoso sobre ela (p. 272-316). Esta nota se limita a obras importantes em inglês.

### Estudo abrangente

GUTHRIE, W.K.C. *A History of Greek Philosophy*, iii, parte 2. Cambridge, 1969. Publicado separadamente em 1971, com o título *Socrates*.

### Biografia

TAYLOR, A.E. *Varia Socratica*. Oxford, 1911.

### Obras críticas e analíticas focadas no retrato platônico de Sócrates

BRICKHOUSE, T.C.; SMITH, N.D. *Plato's Socrates*. New York and Oxford, 1994.

IRWIN, T. *Plato's Ethics*. New York and Oxford, 1995, capítulos 1-9.

SANTAS, G.X. *Socrates*. London, Boston, and Henley, 1979.

VLASTOS, G. *Socrates, Ironist and Moral Philosopher*. Cambridge, 1991.

______. *Socratic Studies* (ed. M. Burnyeat). Cambridge, 1994.

### Obras sobre o julgamento de Sócrates

Brickhouse, T.C.; Smith, N.D. *Socrates on Trial.* Oxford, 1989. Uma pesada obra de erudição.

Stone, I. F. *O julgamento de Sócrates*. São Paulo: Companhia das Letras, 2005. Uma obra vigorosa, imprecisa em algumas partes.

### Coletâneas de artigos

Benson, H.H. (ed.). *Essays on the Philosophy of Socrates*. New York and Oxford, 1992.

Gower, B.S.; Stokes, M.C. (ed.). *Socratic Questions*. London and New York, 1992.

Prior, W. T. (ed.). *Socrates* 4 vols. London and New York, 1996. Uma coletânea abrangente.

Vlastos. G. (ed.). *The Philosophy of Socrates*. Garden City, New York, 1971.

### Obras sobre a literatura socrática

Kahn, C. H. *Plato and the Socratic Dialogue*. Cambridge, 1996, capítulos 1-4.

Rutherford, R. B. *The Art of Plato*. London, 1995.

Vander Waerdt, P. A. (ed.). *The Socratic Movement.* Ithaca, New York and London, 1994.

### Sócrates no pensamento moderno

Montuori, M. *Socrates: Physiology of a Myth*. Amsterdam, 1981.

# Índice das obras antigas citadas

# Índice remissivo

# Lista de ilustrações

7. Uma representação de Alcibíades sendo repreendido por Sócrates. (Escola italiana, c. 1780).
   Cortesia de Charles Plante Fine Arts/Bridgeman Art Library.

8. Detalhe da *Escola de Atenas* (1508-1511), de Rafael, que retrata os pensadores mais famosos da Grécia Antiga.
   Cortesia dos Museus do Vaticano.

9. Frontispício desenhado por Matthew Paris de Santo Albano (falecido em 1259) para um tratado de adivinhação, *The Prognostics of Socrates the King*.
   Cortesia da Bodleian Library, Universidade de Oxford, MS Ashm. 304, fol. 31v (detalhe).

lepmeditores

**www.lpm.com.br**
**o site que conta tudo**

Impresso na Gráfica BMF
2023

lepmeditores

**www.lpm.com.br**
**o site que conta tudo**

Impresso na Gráfica BMF
2023